品质课程丛书

丨 丛书主编　路光远　杨四耕 丨

活跃的课程图景

杨金芳
李春华
主编

华东师范大学出版社

丛书编委会

丛书主编

路光远　杨四耕

丛书编委（按姓氏笔画）

凤光宇　花　洁　李春华　杨文斌　杨四耕

杨金芳　陆正芳　罗　松　崔春华　路光远

潘　琼

学校课程变革要有"零度"思维

学校是课程改革的扎根之所。本世纪之初启动的课程改革，至今已近二十年，但是还有个别学校无动于衷、毫无课程意识，还有学校处于"等条件成熟了再说"的阶段，还有学校担心课程改革对教学质量有影响，还有学校一味地摆问题、讲困难，就是不思考解决问题的办法……说白了，这些学校根本不把课程改革当回事儿。

也难怪，当下中小学都很现实，对教学管理抓得很紧。在他们的心里，课程开发只不过是"锦上添花"的事情，"最重要的还是教学质量"。大多数学校课程管理都比较薄弱，课程改革不受重视。从现实情况看，中小学教师的课程意识普遍处于沉睡状态，课程开发能力普遍比较薄弱，基本不懂得如何管理自己的课程，不懂得如何挖掘资源、活化课程；甚至还有不少校长存在"课程是虚的东西，只要上好课就行了"等错误认识。

嘉定区地处上海西北部，是典型的江南历史文化名城，有"教化嘉定"之美称。近些年，我们围绕"品质课程"项目作了大量的探索，取得了可喜的成效。"品质课程丛书"即是这个项目取得的成果之一。

我们认为，品质课程是基于特定哲学而组织化的课程，是一种富有倾听感的课程，它是将学生置于课程的价值原点，与学习需求匹配，努力在学生的学习需求和未来期待之间获得某种平衡的课程。品质课程具有如下特点：一是原点性，为孩子们的成长与发展服务；二是现实性，解决学校课程发展的实际问题；三是发展性，聚焦核心素养的提升；四是层次性，有不同层次的实践样态，可以是一所学校的课程模式，也可以是一个特色课程群，还可以是一门校本课程。

上海市嘉定区推进"品质课程"的实践证明，学校课程变革要有"零度"思维，要激活课程参与者的主体意识，让学校课程有足够的生长空间。所谓"零度"思维，就是回到初心的思维，就是回到课程改革的原点去的思维,就是理性关注丰富生动的课程变革实践的思维。学校课程变革为了谁?如何深度推进?这是学校课程变革"零度"思维的基本问题。

1. 零心态:聚焦生长

无数事实证明,任何一场变革,总是缘起于文化观念和思想意识的觉醒。推进学校课程变革首先是心态的归零:零心态,学校课程变革必须回归原点、聚焦生长。这个问题的本质是"课程改革究竟为了谁"的问题。

教育部《关于深化课程改革,落实立德树人根本任务的意见》指出:要根据学生的成长规律和社会对人才的需求,把对学生德智体美全面发展总体要求和社会主义核心价值观的有关内容具体化、细化,深入回答"培养什么人、怎样培养人"的问题。从当前情况看,课程改革必须明确学生应具备的必备品格和关键能力,突出强调个人修养、社会关爱、家国情怀,更加注重自主发展、合作参与、创新实践,明确学生完成不同学段、不同年级、不同学科学习内容后应该达到的程度要求。

因此,学校课程变革的根本任务是立德树人,提升学生的核心素养。学校课程改革就是要聚焦生长,充分尊重学生的兴趣和经验,设置多样化的课程,多维度地满足学生的学习需求。无视课程改革存在的学校,本质上是无视学生发展,无视核心素养的倡导,本质上是心态上没有归零。

2. 零距离:贴近需求

坚持以学生发展为本是学校课程变革的基本准则,促进学生最大限度地发展是学校课程变革的核心目标。精准把握学生的学习需求,让学校课程与学习需求无缝对接,是学校课程变革的一个重要议题。

零距离,就是要实现课程产品和学习需求之间的无缝对接,减少课程产品与学习者的年龄差距,减少课程实施与学习者的心理差距,减少学习需求与课程服务的现实差距,让学校课程发挥出最大的育人功能。

因此,学校课程变革应最大限度贴近学生的学习需求,把握学生的兴奋点,科学设计课程,合理组织课程,积极探索课程实施的多样方式,为学生充满灵性地成长提供最充分的课程保障。

3. 零等待：立即行动

课程改革这么多年了,还有一些学校没有动静,他们还在观望,还在等待。学校课程变革必须"零时间"——因为,立即行动是关键!

立即行动,从分析学校课程情境开始,从把握学校课程发展的优势开始,从找准学校课程发展的问题与生长点开始;立即行动,从开发一门校本课程开始,从研制课程纲要开始,从学程设计开始,从研制课程实施方案开始;立即行动,从规划学校整体课程开始,从厘定学校课程哲学开始,从梳理学校课程架构开始,从研究学校课程设置开始,从全面推进学校课程实施开始;立即行动,从思考学校文化融入课程开始,从厘定学校办学理念开始,从确定学校课程理念开始,从将理念融入课程实施、管理与评价开始,从让学校课程充满浓郁的文化气息开始;立即行动,从建构学校课程变革路线图开始,从把握育人目标转化为课程目标开始;立即行动,从让课程变革活跃起来开始,让学校课程评价多元起来开始,让学校课程管理良性运行起来开始……

别犹豫,迈左脚与迈右脚都一样——课程改革什么时候都不晚,迅速行动是上策。让我们一起拥抱变革,立即行动吧!

4. 零条件：全情参与

课程改革不会因为条件好而做得更好,也不会因为条件差而做得更差。课程改革没有条件,全情投入是最重要的条件!

等待,课程改革的条件永远不会成熟;条件,只会在课程变革中变得更成熟。只有参与了，我们才会发现问题，才会去解决问题，才会尽可能地让条件更完善，让保障更充分。

你看，一所学校推进"书香"课程，学校由此加强了图书馆建设；一所学校推进"创客"课程，学校由此加强了创新实验室建设，孩子们有了自己的"梦工厂"；一所学校推进"小天鹅"课程，学校由此建设了舞蹈专用教室……这样的例子不胜枚举。为更好地落实课程改革的要求，合理配置各种设备与资源，为学校课程变革提供必要的物质保障，有利于课程改革的顺利推进，让我们记住：物质条件等待不来，全身心参与才是学校课程变革最重要的事。

5. 零滞后：专业为王

保守就要落后，落后就要挨打，这是常识。学校课程变革需要每一位教师学会适应改变，需要每一位教师清晰：昨日的知识和经验解决不了今天的问题和困难。我们要把校本研修作为适应课程变革的利器，每一位教师必须明白：课程改革因学习而改变。

学校课程变革倚赖于教师的专业发展，倚赖于专业文化的觉醒。我们要积极向课程改革先行者看齐，激活每一位教师的课程意识，让教师成为学校课程领导者、研究者和推进者，让教师有更多的机会进行不同程度的"课程实验"，有更多的机会参与完整的课程开发过程，彻底改变教师只是规定课程"忠实执行者"的角色，改变教师只把课程当作学科教材的狭隘观念，形成更加开放、更加多元的课程观，促进教师专业成长与课程发展同步提升。

说到底，我们必须随需而变、专业为王，让变化成为专业成长的契机，让学习成为课程变革的有机组成部分。

6. 零障碍：拥抱问题

没有危机就是最大的危机，没有问题就是最大的问题。面对课程改革，问题不可回避。要知道，课程改革就是与"问题"打交道，就是发现问题、解决问题的过程。

学校课程变革要善于摧毁课程改革过程中的一切问题，要善于让所有的信息都流动起来，让所有的渠道都畅通起来，让所有的脑细胞都活跃起来，多问几个为什么，多想几个做什么，多试几个怎么做，要相信"办法总比问题多"！

一句话，学校课程变革无论如何都应该让所有教师都动起来，跑起来，聪明才智蹦出来。如此，问题会向我们让路，困难会向我们低头，课程改革就会"一路绿灯"——拥抱问题，课程改革就会"零障碍"！

7. 零排斥：多维联合

为了提升课程品质，学校课程变革应实现"零排斥"，应实现教师、学生、家长、社会、专家等群体的最大化互动与联合。

首先，人员要全纳。学校课程建设涉及校长、教师、学生及其家长等，所有可能的人都要纳入课程改革的主体视野。校长是课程的主要决策者和责任人，教导处成员承担学校课程常规管理工作，包括课程实施与开发的组织、安排、指导、协调等工作。学校应充分调动师生及家长的课程参与积极性，家长及社区人员有课程管理的知情权、建议权和参与权，为学校课程发展提供资源是义不容辞的责任。

其次，组织要强化。学校可以设立课程领导小组，负责学校课程开发中的重大决策与研究。这个小组可以由校长、教师代表、学生及家长代表以及社区相关人员构成。建议不少于50%的席位给学生代表和教师代表，有时候还可以邀请有关课程专家为课程改革把脉诊断、出谋划策。课程领导小组的组长建议民主选举产生，并在此基础上明晰责任。此外，还要充分发挥校委会、教导处、德育处、学科教研组在学校课程变革中的作用，使之各尽所能，各尽其责。

总之，学校课程变革应团结一切可以团结的人，创造多赢的局面，形成完整的多主体价值链。

8. 零风险：质量保障

课程改革对教学质量有没有影响？这是中小学校长和教师最关心的问题。从现实角度来看，多一些危机意识，加强质量风险管控，制定质量预警机制，提高学校课程管理水平，确有必要。

大量的课程实践证明：课程的丰富性、精致性与教学的有效性呈正相关。我们可以负责任地说：推进学校课程变革绝对不会降低教育教学质量。

众所周知，国家课程、地方课程、校本课程三类课程不是三个独立的部分，它们构成了学校课程的有机整体，拥有共同的育人诉求，实现不同的课程价值，承担不同的课程任务，履行不同的课程职责，从不同的方面促进学生的成长与发展。因此，为了"全面的质量"，我们绝对不能用国家课程挤占地方课程、校本课程的课时，绝对不能随意提高国家、地方规定的课程要求，绝对不能把校本课程变为国家课程的知识延伸和加深。我们应根据有关课程改革的精神，正确处理这三类课程的关系，保证各类课程的合理比例，充分体现三类课程对学生发展的综合价值，确保全面教育质量观的落实。我们决不能为了追求学校的"眼前利益"，随意调整、增减课时。

综上所述，学校课程变革要有"零度"思维，要秉持理性立场，打破常规，建构价值，追随品质……让所有的参与者朝着最美的课程变革图景迈进！

路光远　杨四耕

2017 年 7 月 20 日于上海

前言 /1

第一章　起航,让生命飞扬悦动 /1

学校,是教会每个生命个体追求幸福的地方。正如德国著名文学家赫尔曼·黑塞的诗句所写:"人生的义务,并无其他。仅有的义务就是幸福,我们都是为幸福而来。"因为,孩子的生命不可复制,他们既要创造幸福的未来,更要享受幸福的当下。今天,我们呼唤自然、绿色、生态、适合、灵动的课程。课程图景,是一场探究未知的旅程,而非按图索骥的过程。

第二章　扬帆,让生命温润灵动 /41

课程是师生在一定情景中展开文化探索的动态生成过程。课程是学生的课程,课程变革应该在学生的生活时节中关注教育意义的构建,关注师生之间的对话与理解,追求充满人性、富有意义的教育。基于什么构建课程? 把儿童放在课程正中央,在课程建构与开发中,以儿童的直接经验、儿童的需要和动机、儿童的兴趣及心理特征为原点,构建有创造、能创新的儿童课程。

第三章　徜徉,让生命愉悦生长 /65

柏拉图说过一句话:"教育非他,乃心灵的转向"。那么,请问转向哪? 往哪转? 我所理解的最好的教育,就是帮助每一个孩子,去找到他们的生命价值,让他们幸福快乐地成长。幸福存在于人受教育的过程中,使人获得探求知识技能和精神愉悦,体验到幸福的内涵,拥有幸福的能力。基于此,我们需要怎样的课程规划? 让我们把目光投向构建更完美的课程变革方案的最前沿——学校。

第四章　畅游，让生命自由舒展 /113

学校课程变革在形式上看是以校为本，而其背后真正的哲学理念是以人为本，以人的充分自由的发展为最高目标。课程变革是一个充满创意的过程，让所有教师在课程创新的过程中享受教师的职业幸福，实现专业成长。在课程建设和教学实施的探索实践中，让课程充满梦想，让学生心中有梦，让梦想引领成长，让学校成为自由创意的世界。

第五章　飞翔，让生命舞出精彩 /161

要了解一所学校可以有很多视角。比如看教育理念，比如看软硬件水平，比如看社会声望，比如看生源，比如看考试成绩……但还有一样东西，虽然不大，却可以从中窥见一所学校的独特气质，那就是——课程。从学校的角度看，课程是一个学校的育人理念、教育资源、师资队伍、教学能力、硬件水平等各方面的综合体现。每一名学生都是不可复制的奇迹。

后记 /199

前言

今天,所有一切学习的新态势,无不提醒人们,学校已是一个开放的社会系统组织,科技的迅猛变化,给学校教育带来前所未有的挑战,变革势在必行,责无旁贷。我们都将参与这场变革,用变革的脚步,去丈量社会的诉求、世界的心跳与未来的呼唤。

我们生活在这样一个充满变化的社会,未来的无限可能性是这一时代的标志性特征。面对变化,我们应该时时刻刻提醒自己不要忘记教育的初衷是什么?教育的本质是什么?归根结底,教育最终还要回归教育本质、回归幸福本质、回归爱的本质。

学生具有无限的创造力,教育将其潜能挖掘出来,促进个人成长,从幼稚走向成熟,造福人类社会。教育必须思考与回答如何让学生更好地迎接未来,适应未来以及如何使他们在高风险的未来社会中始终保持可持续发展的动力。

课程作为教育的核心话题,自然成为教育变革的首要对象。何为变革?21世纪教育研究院院长杨东平教授曾提出这么一个问题:中国教育改革的动力机制和研究路径究竟是什么?是靠顶层设计一个尽善尽美的方案,还是更多的寄希望于自下而上的改革,使教育机构成为一个善于对待变革的学习型组织,并且"使变革成为一种生活方式"。

今天,课程变革已成为教育界乃至整个社会关注的焦点。变革源于对当前课程状况的不满,它的出现改变了现有的课程知识与课程结构,在变革中,课程理念也得到全面的更新。课程是学习者通过学校教育获得成长的载体,课程的改变对他们如何学习、如何生活及其知识结构和人格等都有着重大的影响。

学校课程变革的真正要义在于"学校人"的发展。这里的"学校人"既指学生,也指教师。课程变革,是一项系统工程,需要整体思考,是一个极为复杂的过程,因为变革是所有人的事情。应从哪里开始?这一问题,没有标准答案,也没有最佳答案。

课程变革是一个学校的核心要素,课程在一定程度上决定了一个学校培养什么样的人? 学校应给学生怎样的课程? 在学生身上打下了怎样的烙印? 课程在学生成长中处于核心地位,课程的影响力决定着学校的影响力。课程的结构决定人才的结构;课程的质量决定着人才的质量。

有人说,课程即生活。课程是学生在校生活的全部总和。书中十所学校的课程图景,指向课程建设的核心——课程应关注学生、关注生活、关注社会、关注自然。

有人说,课程即经验。经验为"经历＋体验"。这里十所学校的课程架构充分体现了这一点:课程是一种经验,课程是一种选择,课程是一种机会。

有人说,课程即人生。选择一所学校,就是选择一种人生。十所学校的探索与思考,为我们描绘了灵动的课程图景,使课程成为学校与人生的纽带和桥梁。

在这样一个极具变革的时代,课程应是学生面向未来的引擎,应是学校培养公民的蓝图,应是学生成就自我的旅行。这是我们追求的课程图景。

我想说,瞬息万变的世界从未停止过革新的脚步,我们正处于教育变革的风口,十所项目试验学校的探索与设计、思考与前行,形成了嘉定区中小学课程变革图景的基本描述,它是课程现代化的动态过程,是学校品质提升的一个"支点",致力于推进课程变革的教育者可以读一读这本书,这是一本能够让你汲取灵感的书,让我们在积极拥抱变化的同时倾听自己内心最真实的声音,因为我们比历史上任何时候都更需要实现教育梦想。

学校是教会每个生命个体追求幸福的地方。正如德国著名文学家赫尔曼·黑塞的诗句所写："人生的义务，并无其他。仅有的义务就是幸福，我们都是为幸福而来。"因为，孩子的生命不可复制，他们既要创造幸福的未来，更要享受幸福的当下。今天，我们呼唤自然、绿色、生态、适合、灵动的课程。课程图景，是一场探究未知的旅程，而非按图索骥的过程。

陪伴式课程：蜡梅相伴　精彩绽放
七巧板课程：让孩子"玩"出灵性

第一章
起航，让生命飞扬悦动

学校，是教会每个生命个体追求幸福的地方。正如德国著名文学家赫尔曼·黑塞的诗句所写："人生的义务，并无其他。仅有的义务就是幸福，我们都是为幸福而来。"因为，孩子的生命不可复制，他们既要创造幸福的未来，更要享受幸福的当下。今天，我们呼唤自然、绿色、生态、适合、灵动的课程。

为了学生的可持续发展，需要提供适合他们发展需求的课程，促进他们在课程的选择学习中激活学习兴趣、促进兴趣聚焦与潜能的匹配。学校应以课程为载体，将学生的成长与科技发展、社会需求、创新人才早期培育紧密结合起来，培养他们的创新意识、创新能力与创新激情。由于不同类型学校面对的学生群体是不一样的。所以，学校应以课程的多样化推进学生的个性化知识构成，立足于学生的兴趣激活、潜质开发、创新素养提升。

课程图景，是一场探究未知的旅程，而非按图索骥的过程。望新小学"陪伴式课程"，倡导以梅育人，绽放精彩，确立差异发展"精彩绽放"的理念。希冀在陪伴孩子成长的过程中发现孩子的学习潜能，聆听孩子的内心需求，启迪孩子的智慧品德，在爱心、细心、耐心、精心的教育中让孩子拥有全新的生命历程，在灵动的课程图景中静候蜡梅花儿开"每朵都精彩"的到来。

新成路小学"七巧板课程"，以灵性教育为价值追求，将儿童的灵性潜能开发贯穿于儿童学习生活的全过程。依据七巧板课程图谱，结合课程资源，对课程的内容体系进行系统建构，将七巧板课程的七个维度作为整体目标，以"好玩的 N 件事"为主线，通过统整学习，建构开放、生成、充满生命力的悦动课程。

课程即故事，一连串的学习生活事件构成学生生命成长、人生历程的 N 个"生命故事"。学校课程抓住了"学习故事"的精髓，联接学生的今天与未来，为他们的未来提供无限可能的新图景，为他们提供飞扬灵动的课程，从而实现课程建设的不断超越。

陪伴式课程：

蜡梅相伴　精彩绽放

嘉定区望新小学始建于 1902 年，地处嘉定西北部的外冈镇，是一所有着百年历史的农村小学。学校 1998 年移地新建，2011 年扩建，现占地面积约 25 亩（17 715 m^2），建筑面积 7 392 m^2，绿化面积 8 086 m^2。学校环境优美，整体布局合理，教育教学设施完备。建有足球场、篮球场等运动场地 2 710 m^2，配有 1 002 m^2 师生标准化食堂一个，配备了电脑房、电子阅览室、音乐、美术、自然、劳技等专用教室 10 间，所有教室都安装有电子白板多媒体设备。

学校现有 25 个教学班，学生 930 人，其中外来务工子女 732 人，占 78.7%。在编教职工 70 人。其中专任教师 65 人，中学高级教师 6 人，小学高级教师 28 人。教师中具有研究生学历 2 人，大学本科学历 56 人，大专学历 5 人，大专及以上学历占教师数的 100%。35 周岁以下青年教师 35 人，教师平均年龄 34.3 岁。学校现有区、镇骨干教师 14 人。

学校先后获得上海市科技教育特色示范学校、上海市安全文明校园、上海市红旗大队、嘉定区文明单位、嘉定区生命教育试点学校、嘉定区未成年人思想道德建设先进集体、嘉定区科技创新项目实验学校、嘉定区新优质项目学校等荣誉称号。

我们期待在嘉定区"品质教育"引领下，秉承"希望每一个学生拥有全新的生命历程"的办学理念，强基固本，凝心聚力，进一步深化课程改革,加强校本研究,发挥自身优势,增强办学底蕴,凸现学校特色建设新亮点,彰显学校品位,把学校办成和谐奋进、内涵提升、特色彰显的现代化优质小学。

第一部分　学校课程哲学

一、学校教育哲学:希望每一个学生拥有全新的生命历程

学校结合多年的办学经验与传承,从"学会关心"到"五心"教育,从倡导"关注个体,让生命绽放精彩"再延伸到"以梅育人,绽放精彩",直至今日提出的"希望每一个学生拥有全新的生命历程"这一核心办学理念,是结合当今教育发展趋势和对未来人才的要求,是基于学校实际和自身发展特点,遵循教育规律,坚持儿童立场,架构学校战略发展所作出的价值判断,我们将其概括为"精彩教育"。"精彩"乃优美、出色之意,"精彩"即让每个望小人在有限的人生中彰显生命的绚丽色彩,发掘生命的无限价值,实现生命的至高境界。

我们坚信:每一个生命都是美丽的。让每一个生命在望小这棵生命之树上绽放出异彩纷呈的生命之花。

我们坚信:每一个生命都是茁壮的。让每一个生命在望小这片生命的绿洲中蕴育着丰富的生命潜能。

我们坚信:每一个生命都是精彩的。让每一个生命在望小这所精神大家园中不断提升生命质量。

二、育人目标:蜡梅花儿开,每朵都精彩

"精彩教育"是我校在传承和发展百年办学的优良传统下,结合本地区蜡梅文化,充分挖掘"梅"之内涵,提炼"梅"之品质,发扬"梅"之精神,以"蜡梅文化"滋养师生精神生命,提升师生综合素养的考量下所

提出的办学基点和办学主张。为此,我们构建"陪伴式课程",确立"差异发展,精彩绽放"的理念,希冀在"陪伴"孩子成长的过程中去发现孩子的学习潜能,聆听孩子的内心需求,启迪孩子的智慧品德,在爱心、细心、耐心、精心的教育中让孩子拥有全新的生命历程,在成长过程中静待"蜡梅花儿开,每朵都精彩"的到来。

——蜡梅相伴:以蜡梅流传千古的"宝剑锋从磨砺出,梅花香自苦寒来"、"不要人夸颜色好,只留清气满乾坤"、"已是悬崖百丈冰,犹有花枝俏"、"不经一番寒彻骨,怎得梅花扑鼻香"的精神和品质来激励望小的每一位师生团结协作,奋发向上,以此让每个望小学生具有高洁、坚韧、自信、思进的固有品质。

——精彩绽放:我们以丰富多彩的课程构建"养正、养格、养智、养趣、养新"五"养"课程板块,让望小的每位学子学会健体、关爱生命、体验健康的幸福;学会做人、自强不息、体验成长的幸福;学会学习、自主发展、体验智慧的幸福;学会发展、激发潜能、体验学习的幸福;学会创造、造福国家、体验创新的幸福。让孩子在课程的引领下健康度过精彩的童年时光,放飞金色的梦想,精彩人生从这里起步。

第二部分　课程目标

根据学校实际情况,依据学校办学理念和育人目标要求,整体优化学校课程体系与课程结构,培养素质全面、个性鲜明、健康活泼的"蜡梅好少年"。

表 1-1

培养目标	课程目标
养正 (学会做人、自强不息、体验成长的幸福)	1. 懂得为人处事的基本准则,养成良好的行为习惯、学习习惯,形成积极向上的人生价值观。 2. 在丰富多彩的课程活动中,相信自己行,敢于尝试和挑战自我,逐步树立较强的自信心。

培养目标	课程目标
养格 (学会健体、关爱生命、体验健康的幸福)	1. 积极参与体育健身运动,增强体质健康,感受体育健身运动给生活带来的乐趣。 2. 发扬坚韧不拔、吃苦耐劳的精神,养成坚持锻炼身体的习惯,掌握基本的运动技能。 3. 养成健康的生活方式,形成积极进取、不畏艰难、乐观开朗的生活态度。
养智 (学会学习、自主发展、体验智慧的幸福)	1. 养成良好的学习习惯,能够主动学习,享受学习的乐趣。 2. 掌握正确的学习方法,善于思考,主动探究,有独特的见解,有一定的思辨能力。 3. 注重联系实际,会将学习的知识与技能运用于生活。
养趣 (学会发展、激发潜能、体验学习的幸福)	1. 培养学生的个性兴趣,在兴趣课程中发展个性特长。 2. 激发学生潜能,通过培养兴趣激发对学习的热爱。
养新 (学会创造、造福国家、体验创新的幸福)	1. 知道与周围常见事物有关的浅显的科学知识,并能应用于日常生活,逐渐养成科学的行为习惯和生活习惯。 2. 了解科学探究的过程和方法,尝试应用于科学探究活动,逐步学会科学地看问题、想问题。 3. 保持和发展对周围世界的好奇心与求知欲,大胆想象、尊重证据、敢于创新的科学态度和爱科学、爱家乡、爱祖国的情感。

第三部分　课程体系

一、课程逻辑结构

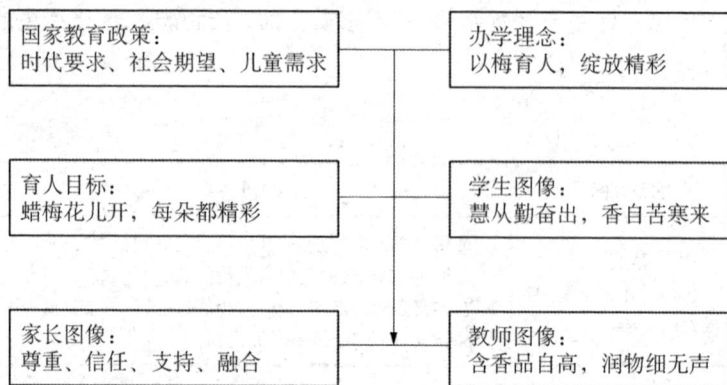

图 1-1　学校课程逻辑结构图

国家教育政策:
时代要求、社会期望、儿童需求

办学理念:
以梅育人,绽放精彩

育人目标:
蜡梅花儿开,每朵都精彩

学生图像:
慧从勤奋出,香自苦寒来

家长图像:
尊重、信任、支持、融合

教师图像:
含香品自高,润物细无声

"陪伴式课程"规划

基础型课程

拓展型课程

蜡梅花儿开 每朵都精彩

探究型课程

蜡梅小天使 课程板块 ← 养正课程

养格课程 → 健康小超人 课程板块

养趣课程

陪伴式 课程

养智课程

才艺小明星 课程板块

学习小灵童 课程板块

养新课程

科技小达人 课程板块

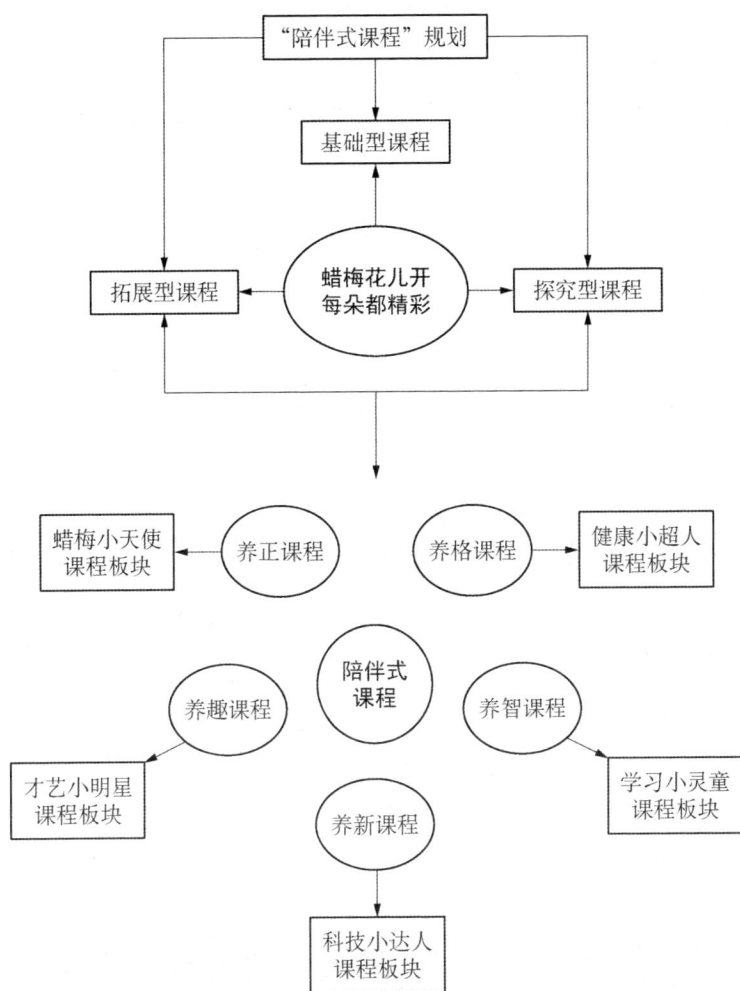

图 1-2 陪伴式课程结构图

二、陪伴式课程组织架构

根据陪伴式课程结构图，结合学校课程资源情况，对陪伴式课程的内容体系进行系统构建：

学校教育发展研究中心

学校课程发展委员会　　学校课程评估委员会

学校课程计划

蜡梅小天使课程板块　　养正课程　　养格课程　　健康小超人课程板块

陪伴式课程

养趣课程　　养智课程

才艺小明星课程板块　　养新课程　　学习小灵童课程板块

科技小达人课程板块

学校课程实施

学科组　　年级组

教师　　学生

蜡梅好教师金梅品质课程银梅品质课程　　学校课程评价　　蜡梅赞赏卡五彩蜡梅章蜡梅之星蜡梅好少年蜡梅评价手册

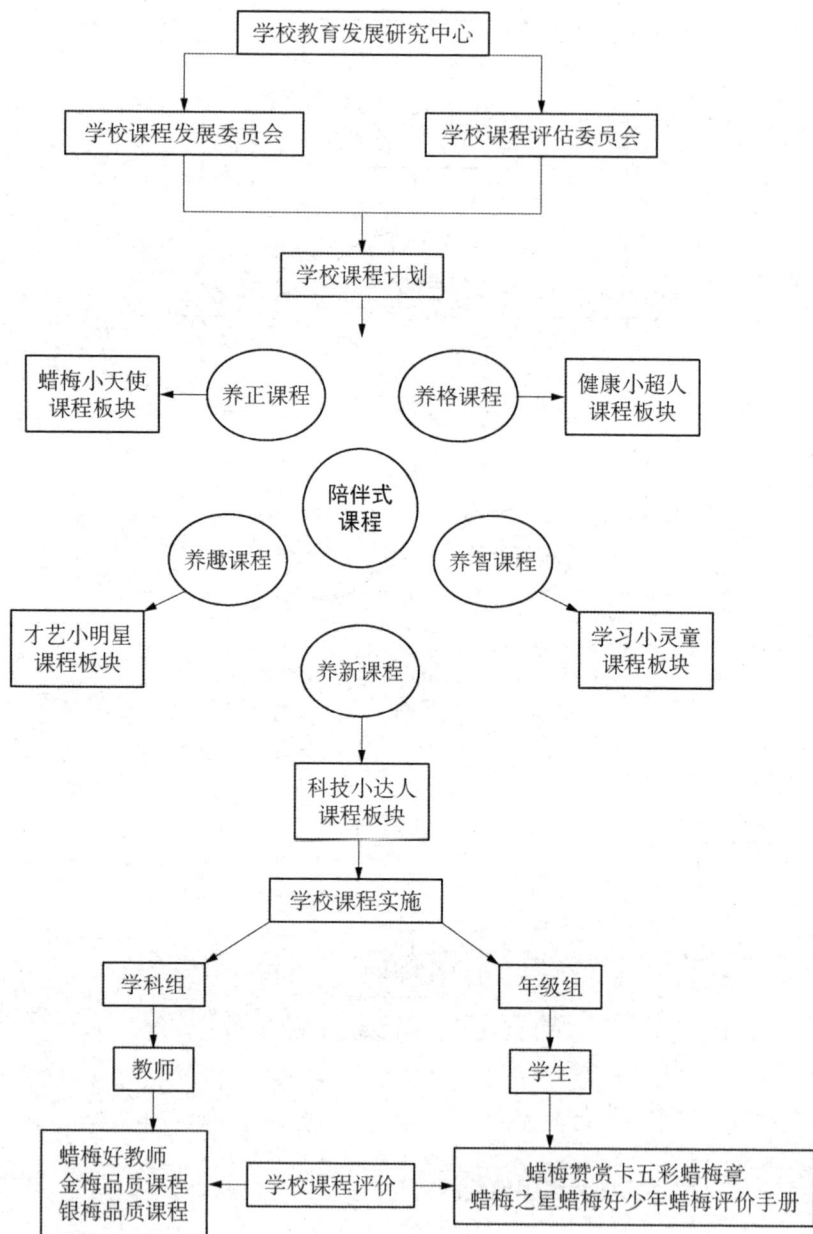

图1-3　陪伴式课程组织架构图

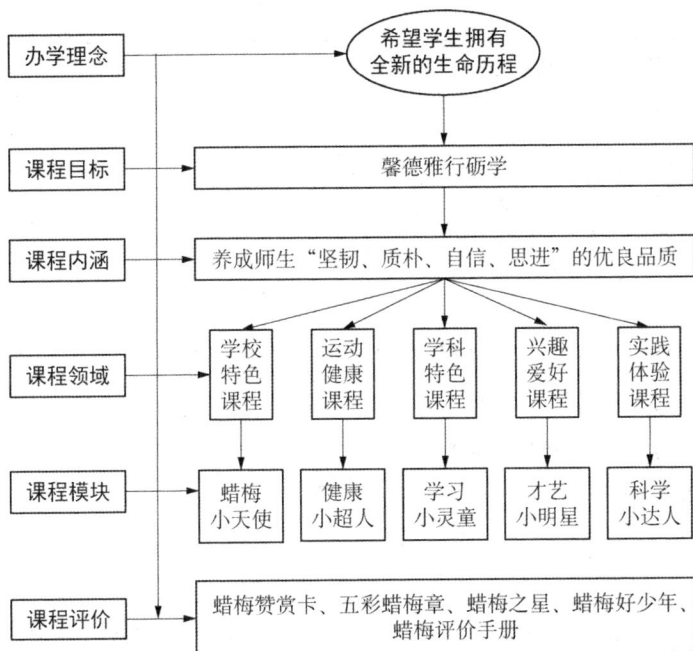

图1-4　陪伴式课程方案架构图

表1-2　陪伴式课程校本特色一览

课程模块	课程内容	课程目标	具体要求
养正 蜡梅小天使课程	校特色课程： 蜡梅小天使 （蜡梅文化＋ 行规礼仪）	学会做人、自 强不息，体验 成长的幸福	1. 懂得为人处事的基本准则，养成良好的行为习惯、学习习惯，形成积极向上的人生价值观。 2. 在丰富多彩的课程活动中，相信自己，敢于尝试和挑战自我，逐步树立较强的自信心。 3. 不断提高自我保护能力，社会交往能力，坚强的适应能力，学会生活，学会生存，不畏挫折。
养格 健康小超人课程	运动健康课程： 健康小超人 （运动＋心理 健康）	学会健体、关 爱生命，体验 健康的幸福	1. 积极参与体育健身运动，增强体质健康，感受体育健身运动给生活带来的乐趣。 2. 发扬坚韧不拔、吃苦耐劳的精神，养成坚持锻炼身体的习惯，掌握基本的运动技能。 3. 养成健康的生活方式，形成积极进取、不畏艰难、乐观开朗的生活态度。

9

课程模块	课程内容	课程目标	具体要求
养智 学习小灵童课程	学科特色课程：学习小灵童（1＋X学科课程群）	学会学习、自主发展，体验智慧的幸福	1. 养成良好的学习习惯，能够主动学习，享受学习的乐趣。 2. 掌握正确的学习方法，善于思考，主动探究，有独特的见解，有一定的思辨能力。 3. 能注重联系实际，会将学习的知识与技能运用于生活。
养趣 才艺小明星课程	兴趣爱好课程：才艺小明星（艺术＋才艺）	学会发展、激发潜能，体验学习的幸福	1. 培养学生的兴趣爱好，在兴趣课程中发展个性特长。 2. 激发学生潜能，在兴趣养成的过程中激发对学习的热爱。 3. 发展学生个性特长，在成长过程中陶冶健康情操，丰富学习经历。
养新 科创小达人课程	实践体验课程：科技小达人（科技＋主题活动＋课外实践）	学会创造、造福国家，体验创新的幸福	1. 知道与周围常见事物有关的浅显的科学知识，并能应用于日常生活，逐渐养成科学的行为习惯和生活习惯。 2. 了解科学探究的过程和方法，尝试应用于科学探究活动，逐步学会科学地看问题、想问题。 3. 保持和发展对周围世界的好奇心与求知欲，形成大胆想象、尊重证据、敢于创新的科学态度和爱科学、爱家乡、爱祖国的情感。

根据上表(见表1－2)，对特色课程按照年级水平进行设置，构建陪伴式课程具体框架表(见表1－3)。

表1－3

陪伴式课程 年级	养正 蜡梅小天使	养格 健康小超人	养智 学习小灵童	养趣 才艺小明星	养新 科创小达人
一上	识梅	快乐跳绳 健美操	经典童谣 快乐1＋2	折纸入门	纸飞机
一下	我是小学生	快乐跳绳 健美操	经典童谣 快乐1＋2	剪纸入门	玩转彩泥

陪伴式课程　　年级	养正　蜡梅小天使	养格　健康小超人	养智　学习小灵童	养趣　才艺小明星	养新　科创小达人
二上	画梅	健康心理健美操	国学启蒙快乐1+2	童声合唱	纸船承重
二下	入队仪式	健康心理健美操	国学启蒙快乐1+2	童声合唱	变废为宝
三上	诵梅	少年武术踢毽子健美操	少儿口语交际	邀游在信息世界里	头脑风暴
三下	我们十岁啦	少年武术踢毽子健美操	英语儿歌	童心舞动	车模
四上	书梅	趣味足球健美操	经典诵读趣味音标	民族艺术——琵琶	科技小创意
四下	蜡梅天使志愿服务	趣味足球健美操	经典诵读趣味音标	民族艺术——琵琶	船模
五上	护梅	趣味篮球健美操	魅力汉语	学做小点心	未来工程师
五下	毕业典礼	趣味篮球健美操	奇妙的数学	棋乐无穷	航模
每年整合活动	望小礼仪教育;行规教育;主题教育	阳光体育节	读书月	艺术月	科技月;主题活动;课外实践活动
课时安排	整合到班队会等活动中	整合到快乐活动日、大课间活动	整合到基础型课程和拓展型课程中	整合到快乐活动日中	整合到探究型课程和快乐活动日中

表1-4　养正:"蜡梅小天使"课程板块

年级	课程	课程设计	学习目标
·	识梅	走进外冈蜡梅园	知晓外冈蜡梅园,激发热爱家乡、热爱大自然的情感。
		认识蜡梅	了解蜡梅各部分的名称,激发热爱蜡梅的情感。

活
跃
的
课
程
图
景

年级	课程	课程设计	学习目标
二	画梅	蜡梅的种类	初步了解蜡梅的种类情况,感受蜡梅的美丽。
		蜡梅的习性	初步了解蜡梅的习性,体会蜡梅不畏严寒的精神。
		蜡梅的用途	初步了解蜡梅的各种用途,尝试为父母泡制蜡梅花茶,感受蜡梅的无私奉献,学会孝顺父母。
		参观辰山植物园	尝试运用各种方法(笔记、摄影、绘画)把参观时的所见所闻记录下来,激发热爱大自然的情感。
		剪梅的知识与体验	初步学习修剪蜡梅枝干,懂得如何欣赏美、创造美。
		争一争"识梅章"	争章。
		简笔画	初步掌握简笔画的技法,能画一幅蜡梅简笔画。
		吹画	初步掌握吹画的技法,能完成一幅蜡梅吹画作品。
		剪纸梅花	尝试用彩纸剪成一幅蜡梅作品,体验民间剪纸艺术的魅力。
		剪贴梅花	尝试用生活中的废旧材料剪贴一幅蜡梅作品,感受动脑动手的快乐,激发创新思维。
		橡皮泥梅花	尝试用橡皮泥制作蜡梅,体验动手创造的快乐。
		国画知识赏析	初步了解中国画的一些基本知识,受到美的熏陶。
		傲雪寒梅	尝试用国画技法创作一幅蜡梅作品,感受民族艺术的美感,激发爱国情感。
		折纸梅花	尝试创作一幅蜡梅折纸作品,培养动手能力。
		梅花图案设计	尝试设计一幅蜡梅图案作品,激发想象力。
		争一争"画梅章"	争章。
三	诵梅	颂梅古诗	能够熟记至少2首有关咏梅的古诗,知道诗歌所表达的含义,感悟梅的精神和品质。
		颂梅诗歌	能有感情地朗诵有关梅的诗歌,理解诗歌表达的含义,尝试自己创作一首赞美梅的诗歌。
		院子里的蜡梅	阅读关于梅的文章,理解文章表达的含义,摘录有关描写梅的词句并能够运用。
		小英雄王二小	阅读故事,体会小英雄王二小具有的蜡梅品质。
		坚强的"战士"蜡梅	阅读故事,体会英雄江姐具有的蜡梅品质。

年级	课程	课程设计	学习目标
		迎寒而开的蜡梅花	阅读故事，体会英雄刘胡兰具有的蜡梅品质。
		聆听心中的梅	学唱歌曲《红梅赞》，激发热爱梅的感情。
		唱响梅之歌	学唱歌曲《梅花引》。
		争一争"颂梅章"	争章。
四	书梅	蜡梅工笔画赏析	学会欣赏蜡梅工笔画作品，受到美的熏陶。
		工笔画蜡梅	尝试用工笔画技法创作蜡梅画作品，感受艺术的魅力。
		暗香疏影一扇开	通过扇面画的学习和创作，进一步提高艺术修养。
		咏梅书法赏析和练习	进行咏梅书法的赏析，感受民族书法的博大精深，尝试练习书写关于梅的书法作品。
		咏梅诗句书法练习	学习创作一幅咏梅诗句的书法作品，进一步体验民族书法的魅力。
		我是小小书画家	以书画结合的形式创作一幅艺术作品，进一步提高艺术水平，增强学习信心，激发民族自豪感和爱国情怀。
		蜡梅摄影作品赏析	在蜡梅摄影作品的赏析中感受蜡梅的美丽，提高艺术欣赏水平。
		摄影小技巧	初步学习和掌握基本的摄影小技巧，尝试拍摄校园内的蜡梅照片，体会创造美的乐趣。
		用电脑软件画梅花	学习用 Photoshop 软件绘制蜡梅图案，提高信息技术运用水平。
		一起设计"书梅章"	能运用所学知识尝试设计"书梅章"，提高创造力和想象力。
		争一争"书梅章"	争章。
五	护梅	养花知识	初步学习基础的养花知识，懂得爱护花草。
		种植知识	初步了解蜡梅栽培的几种方式，尝试种植一棵蜡梅。
		盆景艺术	欣赏蜡梅盆景艺术，体会盆景艺术带来的美感。
		插花艺术	初步了解了插花艺术，尝试合作完成一个以蜡梅为主题的插花作品，提高动手能力。
		蜡梅嫁接	初步了解嫁接技术，能够在指导下尝试进行蜡梅嫁接的实践。
		争一争"护梅章"	争章。
		五彩蜡梅章	回顾蜡梅文化课程的学习，尝试设计具有自己个性的"五彩蜡梅章"。

表1-5　养格:"健康小超人"课程板块

年级	课程	课程设计	学习目标
一	快乐跳绳	短绳、长绳、花式跳绳、绳子新游戏等	熟练掌握短绳、长绳的技术,体验运动健身的乐趣,能遵守活动规则。
二	踢毽子	踢毽子、花式踢、毽子新玩法等	会踢毽子,能尝试创造几种毽子的新玩法,乐于和伙伴一起合作。
三	少年武术	武术运动发展概况、少年武术基本功、少年武术操	学习掌握武术的基本技能,全面增强身体素质,培养民族自豪感。
四	健美操	健美操的发展简况、基本动作与组合、形体与舞步训练、身体素质训练	培养乐感,增进健康美,全面提升身体素质。
五	趣味篮球(足球)	了解篮球(足球)的发展史,掌握基本的技能和比赛规则,会欣赏篮球(足球)比赛,能创编合适的篮球(足球)新玩法等	让学生愉快学习、愉快运动,强健身体,培养积极、顽强、团结、协作的向上精神。

表1-6　养智:"学习小灵童"课程板块

年级	课程	课程设计	学习目标
一上	童谣传唱	儿歌童谣的欣赏与创作 欣赏:中外民间儿歌童谣、同龄伙伴创作的儿歌童谣、名家为孩子们写的儿歌童谣;仿作:在欣赏的基础上仿作,融入自己的所见所闻、所思所感;创作:结合学习、生活、游戏进行创作	以"学生成长体验"为出发点,借助于儿歌童谣这一载体,发展学生言语智慧,提升学生的人文素养和综合能力。

年级	课程	课程设计	学习目标
一下	快乐1+2	根据数学学科的特点和小学生的年龄特征，以思维训练为主线，以趣味数学为支撑点，分为三大模块（思维训练、实践活动、开心数学）	渗透一些基本的数学思想方法，在动手操作、自主探索、合作交流的氛围中，创造性地解决生活中的实际问题，激发学生对数学的热爱和兴趣，使学生在获得数学知识的同时，得到数学文化的熏陶，提高学生的数学素养。
二上	国学启蒙	《三字经》相关内容《笠翁对韵》内容《幼学琼林》内容《古诗》选读、神话古诗选读、艺趣乐园《绕口令》等	传承文化、陶冶情操开发潜能、学用结合、发展语言、提升文化品位。
二下	快乐1+2	根据数学学科的特点和小学生的年龄特征，以思维训练为主线，以趣味数学为支撑点，分为三大模块（思维训练、实践活动、开心数学）	渗透一些基本的数学思想方法，在动手操作、自主探索、合作交流的氛围中，创造性地解决生活中的实际问题，激发学生对数学的热爱和兴趣，使学生在获得数学知识的同时，能够得到数学文化的熏陶，提高学生的数学素养。
三上	少儿口语交际	通过情景模拟，以系列故事的形式，在教给孩子言语技巧的同时，也向他们展示人际交往中的各种礼节	倾听成长的声音，相聚快乐的童年，表达智慧的言语，惠泽长远未来。
三下	英语儿歌歌曲	学唱优秀的英语儿童歌曲	提高学生的词汇量、语感、音乐素养等整体素质，培养学生英语学习能力，养成良好的行为习惯，形成健康的个性心理，培养学生对英语及英语学习的兴趣。
四上	经典诵读	除诵读《语文课程标准》中附录的小学阶段必须诵读的诗词外，还有部分经典诗词《三字经》《千字文》《弟子规》《老子》《论语》《孟子》等	弘扬祖国优秀的传统文化，加强优秀文化熏陶，提高学生的文化和道德素质，让孩子们从小就开始广读博览，日积月累地增长语言文化知识提高学生的语文综合素质和人文素养；使学生传承中华民族精神和文化，发扬中华传统美德，潜移默化地形成优良的道德思想，并逐渐完善自己的人格，促进学生可持续发展，帮助学生健康成人。

年级	课程	课程设计	学习目标
四下	趣味音标	学习英语音标	提高学生的词汇量、语感、发音整体素质，培养学生英语学习能力，对英语及英语学习的兴趣。
五上	魅力汉语	美文阅读与写作	热爱祖国传统文化，发展思维，提高在实际语言环境中运用成语的能力及语言表达的水平。
五下	奇妙的数学	趣味数学故事了解数学历史知识；掌握数学速算技巧、立体几何图形的拼组方法、生活中的等量代换趣味问题、数字中的一些奥秘；了解数学中一些有趣的规律等	使学到的知识融会贯通，灵活运用，培养学习数学的兴趣和爱好，克服困难，解决困难的精神和能力以及创造性思维方法和创造性思维品质。

表1-7　养趣："才艺小明星"课程板块

年级	课程	课程设计	学习目标
一上	折纸入门	了解有关的纸艺知识，自己动手，利用各种彩纸制作出绚丽多彩的纸艺作品装点生活，美化生活	启迪学生用日常生活中的创意折纸，了解折纸的文化内涵；通过创作折纸作品培养学生的审美能力与创新能力，发展创造性思维，提高创新能力和动手操作能力；培养学生良好的劳动习惯和行为习惯。通过小组互动的集体制作，培养学生的团结协作精神。
一下	剪纸入门	讲授剪纸文化常识和基本功技法，以学习简单图案为主，如对折窗花、小动物等剪法；自己创设简单的剪纸图案，进行综合性的训练	了解剪纸艺术的历史，教育学生继承民俗文化，激发对剪纸艺术的追求；了解剪纸的相关知识，认识一定的剪纸语言和表现手法，掌握一定的剪纸技法；培养学习兴趣，受到美的感染和熏陶，提升审美、观察、动手等综合能力，锻炼学生的意志；发展学生的个性，更多地体验成功的快乐，享受愉快的童年生活，培养热爱生活的情感。

年级	课程	课程设计	学习目标
二上 二下	童声合唱	训练学生正确的歌唱姿势和发声方法;积累一定数量的合唱欣赏作品,丰富学生的音乐视野;进行试唱和节奏的训练;加强声部之间的配合,注重声音的和谐	加强合唱欣赏,培养合唱兴趣;注意以科学的方法结合学生身心发展的特点进行深一层的歌唱方法和形态训练;养成良好而正确的发声姿势;扎扎实实地进行音准与节奏训练;注重训练合唱音响的协调、咬字吐字的清晰;通过音乐带给学生美的感受。
三上	遨游在信息世界里	汉字输入法、小报制作、网页制作等	通过信息技术学习,培养学生在信息技术方面的能力,从而提高学生综合素养和能力,激发学生对信息技术的兴趣;培养学生的团队精神和集体主义荣誉感、创新精神和实践能力。
三下	童心舞动	舞蹈种类介绍;舞蹈的基本手位、脚位,把上、把下基本动作训练;基本舞步训练、编排舞蹈	学习、掌握基本技巧,提高学生的表演能力;激发学生热爱艺术学习艺术的热情,在舞蹈队节目的排练过程中,增强学生的团结,协作的良好品质。
四上 四下	民族艺术——琵琶	学习琵琶器乐知识、了解音乐特点、感受乐曲美感、学习弹奏技巧等	培养学生爱国、爱民族、爱音乐的思想感情,逐步形成良好的个性和健康的人格;认识中华民族民乐文化宝库的博大精深,吸取民乐中优秀文化的营养,提高学生文化品位和审美情趣;激发学生热爱民乐文化的情趣,让学生受到高尚情操的熏陶,发展个性,丰富精神世界;培养学生主动学习探究的积极性和团结合作精神。
五上	学做小点心	学习南翔小笼包、馄饨、饺子等日常小点心的制作,能创意制作小点心等	激发热爱家乡的情感,提高动手实践能力。
五下	棋乐无穷	学习中国象棋、围棋和国际象棋的基本下法	激发民族自豪感,在开展活动中提高思维能力。

表1-8 养新:"科技小达人"课程板块

年级	课程	课程设计	学习目标
一上	纸飞机	飞机的知识;折纸飞机;纸飞机飞起来啦;谁的纸飞机飞得远;百变纸飞机	培养学生动手能力,发展学生思维能力,激发从小爱科学的情感。
一下	玩转彩泥	彩泥的简介;彩泥作品的制作	初步掌握彩泥的方法和技巧,在合作中巩固强调发扬团结合作精神,培养学生的动手动脑能力。
二上	纸船承重	船的知识;纸船的设计与制作;纸船承重的实验等	初步了解一些船的知识,培养学生的动手实践能力和创造力,激发学生热爱科学的兴趣。
二下	变废为宝	利用废旧报纸,塑料饮料罐、纸板、泡沫板等材料制作小工艺品等	树立热爱科学的精神,提高动手的能力,养成环保节能的习惯。
三上	头脑风暴	OM语言类即兴题:特异功能、多彩的故事、突发事件 OM动手类即兴题:吸管承重架、纸绳拖重、纸飞机(越远越好)、纸飞机(越久越好)	培养学生的创造精神、动手能力、综合素养和团队精神。
三下	车模	通过车辆模型了解汽车知识;了解车模,会操控车模;学会看简单的立体图和平面图,利用材料组装车模等	培养学生对科学的兴趣和爱好;增强创新能力和实践能力;树立科学思想和科学态度。
四上	科技小创意	生活理论知识,科技小制作、小发明、小创意、小论文、科技调查、植物栽培、动物饲养、环境检测等	通过形式多样的学习形式使学生能多方面了解身边的科学小知识,培养动手技能和运用工具的技能,并能独自或小组合作的形式开展一些小发明、小创作,切实提高学生的信息素养、创新意识和实践能力。培养学生探究性学习的兴趣和团队合作的精神。

年级	课程	课程设计	学习目标
四下	船模	增强海洋知识;了解科技模型的构成及分类等知识;了解航海技术的发展史,学会航海模型的组装、试航;能够细心地、富有创意地安装建筑模型材料等	培养责任心、毅力和合作精神,启发科学创新能力;提高成就感,增强自信心。
五上	未来工程师	主要涉及机械、电子、结构、建筑、航空航天、交通运输、生物与环保等领域	培养青少年的技术与工程素养、创新意识和解决实际问题能力。
五下	航模	电动直升机飞行原理与飞行技巧;无刷滑翔机飞行原理与飞行技巧;静态滑翔机 KT 板制作;简易纸飞机制作、飞行、调试、基本原理	激发学生对科技活动的兴趣,掌握航模的相关知识;培养学生的动手习惯和动手操作的能力;在发现性的探索体验中,培养学生的创造能力、学习能力、合作能力、竞争能力;培养学生运用航模的学习方法,主动迁移到学科学习中去。

第四部分 课程实施

课程的实施与管理体现了对课程理念的贯彻与执行,这就要求我们为学生创设更加民主的、人性化的课程学习环境,使之成为发展自我的内在需求。

基础类课程的实施,需要建构精彩课堂,落实有效教学。"精彩课堂"是对国家课程的个性化创造性的处理。它是着重于教师自身专业发展,以启迪学生绽放精彩为核心的一种课堂教学形态,是师生教学活动系统生成整合的课堂实践过程。从课堂深层看,是以学生为基础的针对性教学;从课堂目标看,是培养富有个性、崇尚精彩的灵动学生;从课堂结果看,是差异发展的,是在化解难题和成果展示中激发精彩和潜能的。"精彩课堂"应是灵动性、创造性、愉悦性、高效性相统一的课堂,"精彩课堂"应注重学思结合、因材施教、知行统一。

特色课程基于课程目标的前提,采用多样化的实施方式。建立在对课程功能与价值认同的基础上,对学生多元智能的认识与引导是保证课程实施的关键。注重引导学生去发现自己的优势智能,帮助确立发展的欲求。教师应关注具有潜力的学生,并给予针对性的引导,鼓励学生在追求全面发展的同时确立自己的发展方向。学校创设各种条件,确保对学生独特智能品质的培养。

七巧板课程：
让孩子们"玩"出灵性

上海市嘉定区新成路小学是一所 2000 年正式启用的五年制公建配套学校。学校现有 21 个教学班，在校学生 854 名。59 名教职员工，其中专任教师 49 名，中学高级教师 4 名，小学高级教师 28 名，小学一级教师 17 名。区级骨干教师 2 名，校级学科带头人 2 名，校级骨干教师 5 名。有一支技艺精湛的校外辅导员队伍，涉及体育、艺术、科技、德育等领域。近年来，学校在文化建设和课程改革中取得良好成效，得到社会各界一致认可，学校是上海市文明单位，上海市安全文明校园、上海市摄影教学示范校、嘉定区校园文化建设示范校、嘉定区行为规范示范校，多个项目或课程已成为区域特色项目。

第一部分　学校课程哲学

一、学校教育哲学：灵性教育

学校结合多年的办学经验与传承，从构建具有"顽强、进取、合作、批判、成功"的"蔷薇文化"到提出"灵性教育，让师生的生命交相辉映"这一核心办学理念，是结合当今教育发展趋势和对未来人才的要求，基于学校自身发展特点,遵循教育规律,坚持儿童立场,构架学校战略所作出的价值判断。

灵性是人区别于其他动物的独特品质,是身、心、灵(身体、心智、精神)的统一体。人生来就蕴含着灵性"种子",《大学》开篇第一句话就说:"大学之道,在明明德,在亲民,在止于至善……"。何谓"明德"?解释是"明德者,人之所得乎天,而虚灵不,以具众理而应万物者也"。这里说的"明德"和"灵性种子"的内涵十分接近,就是发展人的灵性之端,使其苗壮生长,以至灵明洞开。同样,西方哲学家卢梭的"自然教育论"也阐述要通过顺应天性的方式发展"自然"赋予人的一切才能,从而培养人全面发展的而且不受任何压制的个性。2000年,达纳·佐哈与伊恩·马歇尔提出了真正尊重人的完整性的灵商理论。他们认为,人除了具有逻辑智力、情感智力还存在灵商,灵商使我们能够进行创造性的、富有洞察力的、制定规则和打破规则的转变性思维。基于此,我们知道,儿童灵性潜能开发一定是贯穿于儿童学习生活的全过程,并通过教育得以开化、完善和提升,儿童灵性的提升最好的途径是"玩",玩是儿童的天性,儿童是玩的天才,以"玩"为载体,以"玩"为途径,以"玩"为价值导向,"让孩子玩出灵性"即实践灵性教育的课程思想。

灵性教育以发展人的灵性为基点,追求提升人的灵性乃至至善,并按照灵性生长的逻辑开展教育实践,生发出本真的教育样态。推行儿童整体的学习,通过各种不同形式的共同体寻求学科之间、师生之间的关联,学习活动情境中诸因素间的动态平衡。我们力图通过顺应儿童"玩"的天性,着重以体育、艺术、文学、实践活动和感受大自然等手段激发儿童的灵感和悟性,使人具有蓬勃的生命活性、灵动的意识、健全的自我和充分敞开的灵明。

我们知道,玩才是儿童真正的生活。灵性教育,捍卫孩子的嬉乐权,守护他们自由的天性,相信他们都有一对隐形的翅膀,孕育梦想家的灵性萌芽。

我们尊重,儿童是天生的自由者和探索者。灵性教育,倡导让孩子自由选择学习方式,尊重儿童主动按照自己的爱好和需要进行独立的学习,让鲜活的经验流动、认知的顿悟和创造、情感的交融冲突萌动,走进一个个未知的世界。

我们发现,儿童是天生的诗人和艺术家。灵性教育,注重艺术、人文的熏陶,养护儿童自然质朴、纯真敏锐的心性,给儿童以润泽的情操滋养,成为一个善良、丰富、高贵的人。

我们相信,每一个生命的成长都值得赞美。灵性教育,激扬自然性评价,尊重儿童自然成长的权利,关注儿童灵性的发展过程,给每一个儿童以最温暖的欣赏。

二、课程理念

要使儿童灵性全面丰满展开,应当顺应儿童天性,尊重其意志,从真实生活出发,构建和创生一个个好玩的事件,让其参与其中,使学习生活变得快乐而有意义。为此,学校构建"七巧板课程",确立"让孩子玩出灵性"的课程理念。这是基于以下几方面的思考。

"好玩的课程"充盈着灵性之蕴,丰厚儿童生活。儿童不应该因课程学习被贴上分类的标签,而应该充分认识到每一个儿童都是智力、情感、体质、交际、审美与灵性等发展潜能统一的整体,是一个能力、潜能和创造活力互相联系的生命整体。课程作为完善每一个生命整体的载体,应该赋予其灵性之蕴,即"好玩的课程"应该具有思维与直觉、身体与心灵、个人与社区、自我与本性以及各知识领域之间的联结,教师、学生与世界存在交互的转变以及人的智力、身体和灵魂发展的平衡等特征,让学生在课程学习中感受美好的存在和生命意义。

"好玩的课程"充满着灵性之光,点亮儿童心灯。灵性教育,注重教师的灵性生活,使其作为完整的个体,发挥"以心传心"的教育力量,课程可以在教师和学生互动中创生,学习也因"好玩"而变得有趣,师生间平等自由的交流,更是情怀的和谐共融,品性的自然流露。

"好玩的课程"充溢着灵性之美,润泽儿童生命。灵性教育在课程内容上,强调体育、艺术、科技、社会(生活)实践综合课程的价值,将之置于课程体系的中心,使其成为学科和人格统整的重要途径;在学习方式上顺应儿童天性、尊重个体差异,珍视学习的整体性与多样性,使之改变学生超越智力之外的东西,影响其整个生命。

第二部分　学校课程目标

　　我们努力把学生培养成为"内透灵秀,外显灵气"的人。尊重儿童整体发展,通过推行整体的学习,不仅注重发展儿童逻辑智力、情感智力,而且重视儿童灵商的发展,促进儿童灵性丰满展开,具有独到认识和体验的灵动意识、健全自主的生命形态以及敞开灵明的精神状态,促成人的全面发展。课程价值在于它是学校育人目标有效达成的重要载体,为了实现培养目标,我们把"内透灵秀,外显灵气"的培养目标进行细化,形成低中高的课程目标,具体如下表(表1-9):

表1-9

目标＼维度	低年级	中年级	高年级
内透灵秀 ● 性情本真 ● 头脑敏锐 ● 品位典雅	1. 热爱自然,能感受大自然的美;热爱小动物,善良、有爱心和同情心;爱读绘本,相信童话故事的魔力;相信每一天都是有意义的和快乐的。 2. 热爱学习,掌握低段文化课程标准规定的要求。基本养成听说读写的良好习惯。 3. 遵守小学生行为规范的要求,品行端正,遵守规则,明理诚信,逐步养成良好的思想道德。 4. 掌握小学生艺术类课程标准的要求,通过课程习	1. 热爱自然,能感受大自然的美,并用自己的方式表达赞美之情;热爱小动物,善良、有爱心和同情心,能尽自己的能力保护它们;爱阅读,能从书中汲取灵感,完善自己;喜欢美好的事物,自信乐观,对生活充满着憧憬;能感受帮助别人是一件快乐的事;在团队活动中,有"输得起"的心态。 2. 热爱学习,形成浓厚的学习兴趣,掌握中年级文化课程标准规定的要求,进一步养成听	1. 热爱自然,能感受大自然的美,并用自己的方式表达赞美之情;热爱小动物,善良、有爱心和同情心,能尽自己的能力保护它们;爱阅读,能从书中汲取灵感,完善自己;喜欢美好的事物,自信乐观,对生活充满着憧憬;能感受帮助别人是一件快乐的事;在团队活动中,有"输得起"的心态。 2. 热爱学习,保持浓厚的学习兴

	低年级	中年级	高年级
	得,能通过音乐和绘画提高感受美、表现美、鉴赏美的审美能力,培养爱艺术的兴趣。	说读写的良好习惯;有探究意识,能注重联系实际,会初步将所学习的知识与技能运用于生活,解决生活中的问题,形成良好的学习品质和思维品质。 3. 遵守小学生行为规范的要求,品行端正,遵守规则,明理诚信,逐步养成良好的思想道德。 4. 掌握小学生艺术类课程标准的要求,热爱音乐和绘画,参加一个艺术类社团活动,在艺术中提升感受美、表现美、鉴赏美和创造美的审美能力,形成一定的艺术素养、高尚的情操和高雅的气质。	趣。掌握高年级文化课程标准规定的要求。养成听说读写的良好习惯;有探究意识,能熟练地将所学运用于实践,解决实际问题,形成良好的学习品质和思维品质。 3. 遵守小学生行为规范的要求,品行端正,遵守规则,明理诚信,逐步养成良好的思想道德。 4. 掌握小学生艺术类课程标准的要求,热爱音乐和绘画,参加一个艺术类社团活动,拥有一项特长或者个人爱好,在艺术中提升感受美、表现美、鉴赏美和创造美的审美能力,形成一定的艺术素养、高尚的情操和高雅的气质。
外显灵气 ● 身体健康 ● 表达幽默 ● 样态灵趣	1. 掌握低年级《体育与健身》课程标准的要求,每学期会利用体育活动时间或者课余时间与同伴玩1至2个体育游戏。在运动中愉悦身心,懂得与他人合作。 2. (表达)掌握课程标准的要求,在	1. 掌握中年级《体育与健身》课程标准的要求,积极参加体育社团活动,发展1至2项喜爱的体育健身项目;每学期会利用体育活动课时间或者课余时间与同伴玩2至3个体育游戏。发扬体	1. 掌握高年级《体育与健身》课程标准的要求,积极参加体育社团活动,坚持1至2项喜爱的体育健身项目;每学期会利用体育活动课时间或者课余时间与同伴玩2

	低年级	中年级	高年级
活跃的课程图景	班级课程学习或者团队活动时善于思考、学会倾听、好问;在1至2次大型活动中有表现;经常能在家庭阅读后向家人复述故事的情节。 3.(人际)对师长尊敬,主动打招呼,微笑示人;与同伴友好相处,并善于赞美别人;接受师长帮助时,感谢师长为自己付出,经常说"谢谢"。 4.(行为)知会小学生行为规范要求,举止文明、尊敬他人、有礼貌、诚实守信,知错就改,懂规则,在团队活动中会合作,懂得分享,能交好朋友。	育精神,形成积极进取、乐观开朗的生活态度和坚持锻炼的习惯。 2. 掌握课程标准的要求,在班级课程学习或者团队活动时善于思考、学会倾听、敢于表达和质疑;争取各种机会在各种场合发言;参加班级或学校社团活动,争取机会演一次课本剧或儿童剧;每周阅读后,能向同伴推荐自己喜欢的书籍。表达有条理、清晰流畅。 3.(人际)对人尊敬、真诚、有礼貌;能看得到别人的长处,善于赞美别人;能接受别人帮助,懂得感恩并学会尽自己的能力帮助别人;关注细节,记住家人生日或对别人意义重大的事情,并送上祝福。 4.(行为)知会小学生行为规范要求,举止文明、尊敬他人、有礼貌、诚实守信,知错就改,有责任心,珍惜荣誉。 5. 对学习生活富有热情和兴趣,遇到困难,善于思考和借用资源解决	至3个体育游戏。发扬体育精神,形成坚持锻炼的习惯、热爱运动的生活方式和积极进取、乐观开朗的生活态度。 2. 在班级课程学习或者团队学习时善于思考、学会倾听、敢于表达和质疑;争取各种机会在各种场合发言;参加班级或学校社团活动,争取机会演一次课本剧或儿童剧;与同伴一起做一次名人专访;每周阅读后,能向同伴推荐自己喜欢的书籍并交流读书心得。表达有条理、清晰流畅、声情并茂、有一定的思辨能力,成为善于沟通、幽默有趣的人。 3.(人际)对人尊敬、真诚、有礼貌;善于记住别人的名字;能看得到别人的长处,善于赞美别人;能接受别人帮助,懂得感恩并学会尽自己的能力帮助别人;关注细节,记住家人生日

	低年级	中年级	高年级
		问题；积极乐观，充满自信，乐于成功，能换位思考，会与人合作分享，受人欢迎和尊重。	或对别人意义重大的事情，并送上祝福。 4.（行为）知会小学生行为规范要求，举止文明、尊敬他人、有礼貌、诚实守信、知错就改、有责任心、珍惜荣誉。 5. 对学习生活富有热情和兴趣，遇到困难不气馁，养成善于思考、借用资源、自我反省和独立解决问题及作出选择的习惯；有规则意识，守时诚信，能控制自己情绪，经常抱有乐观心态，充满自信，乐于成功，能换位思考，会与人合作分享，受人欢迎和尊重。

● 分级段课程目标

第一章　起航，让生命飞扬悦动

第三部分　学校课程体系

一、课程逻辑结构

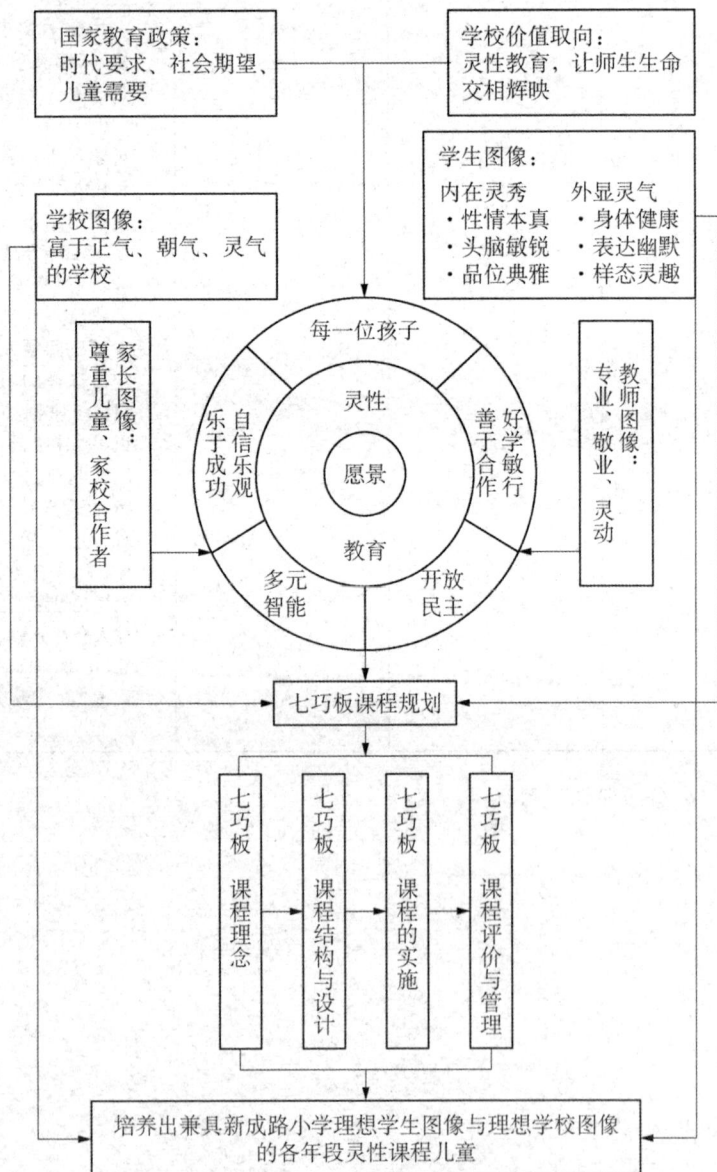

国家教育政策：
时代要求、社会期望、
儿童需要

学校价值取向：
灵性教育，让师生生命
交相辉映

学生图像：
内在灵秀　　外显灵气
·性情本真　·身体健康
·头脑敏锐　·表达幽默
·品位典雅　·样态灵趣

学校图像：
富于正气、朝气、灵气
的学校

家长图像：
尊重儿童、
家校合作者

教师图像：
专业、敬业、灵动

每一位孩子
灵性
愿景
教育
自信乐观
乐于成功
多元智能
好学敏行
善于合作
开放民主

七巧板课程规划

七巧板课程理念

七巧板课程结构与设计

七巧板课程的实施

七巧板课程评价与管理

培养出兼具新成路小学理想学生图像与理想学校图像
的各年段灵性课程儿童

图 1-5

二、七巧板课程设置说明

（一）课程设置说明

每一个儿童的灵性潜能需要发现、开化和提升，教育要给孩子一个美好的童年，以课程为载体，点化儿童灵性，需要从儿童当下的生活体验和生活经验出发，关照儿童内心需求，将儿童的生活经验作为重要的课程资源，使学习变得有趣、有意义。为此，学校构建七巧板课程——"好玩的 N 件事"。根据杜威的"做中学"理论，在"好玩"的活动中发展人的知、情、意。我们将基于学生灵性发展构建校本课程体系简称"七巧板课程"。

七巧板课程，从 7 个目标维度构建课程体系，即："玩出好习惯"、"玩出好身体"、"玩出好教养"、"玩出好心态"、"玩出好头脑"、"玩出好口才"、"玩出好品位"。七巧板，又称"智慧板"，变化之式多至千余，体物肖形，随手变幻，盖游戏之具，故世俗皆喜为之。课程活动犹如拼接七巧板，是动态、生成且不一样的过程和体验。课程体系构建意图力求表达培养人的素养必须通过课程学习得以内化，同时又将课程学习

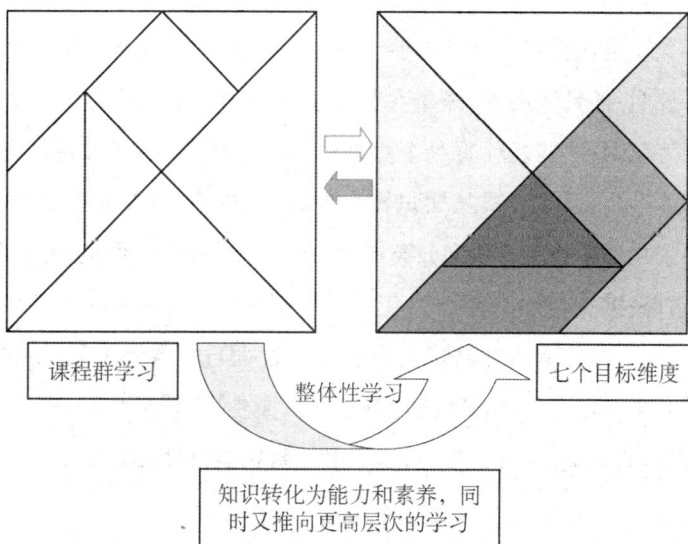

课程群学习　　整体性学习　　七个目标维度

知识转化为能力和素养，同时又推向更高层次的学习

图 1 - 6

29

推向更高层次,如此往复,形成一个良性循环系统。人的素养通过一个人的行为、语言、状态等显现出来。素养与课程的关系犹如七巧板的正反两面,正面色彩斑斓是人的素养的体现,反面则是课程学习,不一样的课程组合塑造不一样的人。学校教育要培养的人才应该是全面发展的人,因此,七个维度目标应是一个有机的整体,不能割裂开来。

● 七巧板课程体系图示

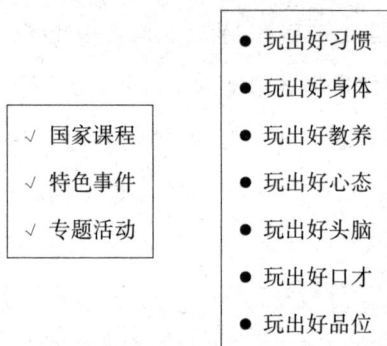

✓ 国家课程 ✓ 特色事件 ✓ 专题活动	● 玩出好习惯 ● 玩出好身体 ● 玩出好教养 ● 玩出好心态 ● 玩出好头脑 ● 玩出好口才 ● 玩出好品位

图 1－7

根据七巧板课程结构图,结合学校课程资源情况,对课程的内容体系进行系统构建,将七巧板课程的七个维度作为整体目标,按级段构建"基础型课程＋特色课程"的课程体系。基础型课程严格执行国家相关规定,遵照《上海市中小学课程标准》,按照《上海市课程计划及其说明》的具体要求,侧重在教学方式和内容的校本化上加以落实。特色课程以"好玩的N个事件",通过整体学习,将各种教育要素深度融合,最终完成从知识转化为能力、情感、素养的逻辑关系。如果仅从知识技能的角度分类课程,将会使课程变得僵化、碎片化。必须打破壁垒,建构开放的、生成的、充满生命力的对话式课程体系。为此,我们要用"旋转"的思想来构建七巧板课程体系,旋转思维看起来无形态、无定势,其特点在于以柔性来紧贴现实的硬性,随形就势,富有灵性,善于变通,即:用关系思维处理课程各要素的逻辑关系。

(二）课程设置

根据七巧板课程结构图,结合学校课程资源情况,对七巧板课程的内容体系进行系统构建(见表1-10):

表1-10 学校课程体系表

七巧板课程	国家课程	特色课程（事件）	课程目标
玩出好习惯	基础型课程	主题：蔷薇小使者 具体课程（事件）：和新小卡通小使者交朋友,我上学啦,我的课堂我做主,自己的房间自己整理等	培养学生具有良好的行为习惯：举止端庄文雅,待人热情大方,能主动与熟人打招呼,能根据场景合理选用礼貌用语,进别人的房间懂得先敲门,未经主人同意不得乱翻东西,在公共场合保持安静等；培养学生具有良好的学习习惯：日常能自觉做好预习与复习,学会倾听,积极动脑,认真书写,当遇到问题时能主动借助工具或通过其他途径想办法解决问题等,激发学生的学习兴趣,呵护学生的好奇心和求知欲,养成非功利性的泛阅读习惯,树立终身阅读的理念；培养学生具有良好的卫生习惯：饭前便后洗手,勤换衣服常洗澡,不随地吐痰,不乱扔垃圾等；培养学生热爱劳动,乐于参加公益活动和力所能及的家务劳动等。
玩出好教养		主题：蔷薇小绅士 具体课程（事件）：参加开笔典礼,到同学家做一次客,乘一次公交车出行等	热爱祖国,尊敬国旗、国徽,会唱国歌；自觉遵守班级、学校和社会的各项规章制度；能明辨是非,爱护公共财物,遵守交通规则,不给他人添麻烦,具有初步的民主法治意识；能尊敬师长,孝敬老人,友爱同学,善待他人,当别人需要帮助时能主动伸出援助之手,传播正能量；懂得尊重他人,学会自我管理,能惜时守信,诚实正直,勤俭节约,遇事敢担当,有责任感,有上进心等。
玩出好身体		主题：蔷薇小健将 具体课程（事件）：跳绳,踢毽子,练形体打武术,乒乓,击剑,游泳等	热爱体育与健身运动,坚持参加体育锻炼活动,养成每日健身的好习惯；学习健康锻炼、科学养身的相关知识；懂得健康锻炼、科学养身的好方法；掌握至少一项以上的体育技能项目；树立每天锻炼不少于1小时的运动理念；学会自我保健,注意个人卫生,增强环境适应能力和抗病能力,全面提高身体素质。

活
跃
的
课
程
图
景

七巧板课程	国家课程	特色课程(事件)	课程目标
玩出好心态		主题：蔷薇小天使 具体课程(事件)：认识自己，玩豆子贴画，踩高跷，做"热座"游戏，虚拟孕妇体验一天的生活等	珍惜生命，了解自我，认识自己的生理状况、心理特征，以及自己与他人的关系，学会善待自己；培养学生具有一定的社会交往能力和环境适应能力，有良好的人际交往关系，乐于参加实践体验活动，学会与人分享快乐；当遇到困难与挫折时能不退缩不回避，敢于面对，或自我调节或向师长或向好友或向专职心理师述说情况、寻求帮助，战胜恐惧、自卑、沮丧等消极心理，具有基本的自我保护能力；具有健康的身心，积极的生活态度，豁达开朗、积极向上、乐观自信、心存感恩等。
玩出好口才		主题：蔷薇小精灵 具体课程(事件)："小青蛙"讲童话，绘本畅"编"，寓言故事课本剧表演，历史故事情景剧演出等	热爱祖国的语言文字，认识中华文化的博大精深，吸收民族文化的智慧；尊重世界文化，关心当代文化生活，感受文学大师的语言魅力，吸收人类优秀文化的养分，形成积极的人生态度和正确的价值观；初步掌握学习语言的基本方法，具有独立的阅读能力；在阅读的过程中体验、赏析、评价文学作品，具有独到的见解；有较为丰富的积累和良好的语感，能正确运用规范的语言进行口语交际，在不同场合得体、清晰地表达自己的见解和思想感情，具有一定的语言表现能力。
玩出好头脑		主题：蔷薇小博士 具体课程(事件)：玩拼图，玩魔法超轻土，玩机器人，玩网络益智小游戏，当小小金融家等	掌握数理运算、自然和信息科技等方面的基础知识、基本技能等；知道一些与周围常见事物有关的浅显的科学知识，并能应用于日常生活中，体会知识与知识之间，知识与生活之间的密切联系，保持和发展学生对周围事物的好奇心与求知欲；逐步学会科学地看问题、想问题，运用数理逻辑思维方式进行思考，通过基本的观察、比较、辨别、动手操作等，增强发现问题和提出问题、分析问题和解决问题的能力；培养学生尊重实证，具有初步的探究意识、创新意识和实事求是的科学态度，培养学生热爱科技、热爱生活。

七巧板 课程	国家 课程	特色课程（事件）	课程目标
玩出好品味		主题：蔷薇小达人 具体课程（事件）：吟唱古诗词，学跳舞蹈，学唱沪剧，演奏乐器，摄影创作，书法传承等	能感受美，欣赏美，从小对学生进行艺术熏陶，汲取多元文化中的优秀成果进行传承与发扬，培养学生拥有一项艺术技能，成为自己的一项艺术爱好，在学习的过程中健全人格，展示自我，陶冶情操，引领学生在琴棋书画中游弋，在古今中外的优秀作品中徜徉，在生活中体验感悟，用感官视觉呼吸与近距离接触艺术，拓宽学生的视野，提高学生的生活品质和审美情趣，激发学生热爱艺术、热爱生活。

　　根据上表（见表 1-10），对特色课程（事件）按照年级水平进行设置，构建了七巧板课程具体框架表（见表 1-11）。

表 1-11　七巧板课程设置表

七巧板 事件 年级	玩出 好习惯 蔷薇 小使者	玩出 好教养 蔷薇 小绅士	玩出 好身体 蔷薇 小健将	玩出 好心态 蔷薇 小天使	玩出 好口才 蔷薇 小精灵	玩出 好头脑 蔷薇 小博士	玩出 好品味 蔷薇 小达人
一上	与新小卡通小使者交朋友（1）	参加开笔典礼	跳绳	认识自己与同伴	在学前介绍自己 / 儿歌	儿歌大汇集 / 儿歌	玩橡皮泥（1）	吟唱儿歌童谣
一上	我上学啦	参加小红星入团仪式	踢毽子		认识一位好朋友	儿歌我来创	玩拼图	吟诵古诗词
一下	我的课堂我做主	到同学家做一次客	跳房子	学会坚持 / 童谣	用各式豆子贴画	童谣大汇集	玩橡皮泥（2）	吟诵三字经
一下	与家人分享校园生活	参加一次亲子活动	跳橡皮筋		玩多米诺骨牌	童谣我来唱	玩布艺	吟唱儿童歌曲

七巧板＼事件＼年级	玩出好习惯 蔷薇小使者	玩出好教养 蔷薇小绅士	玩出好身体 蔷薇小健将	玩出好心态 蔷薇小天使	玩出好口才 蔷薇小精灵	玩出好头脑 蔷薇小博士	玩出好品味 蔷薇小达人
二上	将新小卡通小使者带到家(2)	乘一次公交车出行	练形体	锻炼胆量 走独木桥	童话故事 童话故事大比拼	玩魔法超轻土(1)	学跳民族舞
	自己的房间自己整理	参加一次家庭大扫除	打武术操	踩高跷	"小青蛙"讲童话	玩七巧板	画儿童画
二下	观摩一次庄严的升旗仪式	参加清明祭扫和入队仪式	跳健美操	克服恐惧心 自己进超市购物	绘本读本 阅读绘本	玩魔法超轻土(2)	学跳现代舞
	为家人做一件力所能及的家务事	到影剧院看一场电影	转呼啦圈	用手一吓样人的东西	绘本我来"编"	玩小魔术	饲养一种小宠物
三上	与新小卡通小使者一起巡访校园(3)	参加一次假日小队活动	打乒乓(1)	乐观向上 将一件快乐的事与同学分享	寓言故事 阅读寓言故事	玩机器人(1)	采摘落叶作画
	参观街道垃圾处理站	将家庭垃圾分类	斗空竹	参加一次"热座"游戏	寓言故事"课本剧表演"	玩转扑克牌	学唱一段沪剧
三下	参观一次嘉定区消防中队	参加一次逃生演习	打乒乓(2)	耐心细致 折纸与剪纸	神话故事 阅读神话故事	玩机器人(2)	品尝嘉定特色小吃
	在班内选择一个力所能及的岗位为大家服务一次	参加10岁生日Party	玩花式跳踢	十字绣	"神话故事"交流	绘制一张社区生活地图	培植与观察盆栽小植物

七巧板＼事件／年级	玩出好习惯 蔷薇小使者	玩出好教养 蔷薇小绅士	玩出好身体 蔷薇小健将	玩出好心态 蔷薇小天使	玩出好口才 蔷薇小精灵	玩出好头脑 蔷薇小博士	玩出好品味 蔷薇小达人
四上	带着新小卡通小使者走街串巷(4)	到街道养老院为老人微笑服务一次	游泳(1)	体验成功；制作小风车让其转动起来	历史故事；阅读历史故事书	玩机器人(3)	捕捉大自然的美妙——摄影创作
四上	游览嘉定镇文化古迹	到街道图书馆成功借阅书籍	击剑	制作小飞机让其飞起来	历史故事"情景剧表演"	探嘉定古桥	捕捉嘉定建筑神韵——摄影创作
四下	为小同学上一次队课	到嘉定档案馆查阅家庭信息	游泳(2)	获得自信；变废为宝创意手工	科普作品；阅读科普作品	玩机器人(4)	演奏一种乐器
四下	做一天校园"护绿"使者	到马陆葡萄园采摘葡萄	踢足球	DIY创意手工	当导游介绍嘉定的一个特产	走进奇妙无穷的数独	写毛笔字
五上	和新小卡通小使者一起走进特定场馆(5)	到浏河参加两日营地活动	玩弄堂小游戏	面对困难；勇敢者之路	名人传记；阅读名人传记	玩网络益智小游戏	设计一次家庭两日短程旅游活动
五上	参观安亭汽车城、嘉定文化馆	到嘉定保利大剧院欣赏一场演出	跳山羊	不要为打翻的牛奶哭泣	我与名人"对话"	玩棋类游戏	品茶学道

活跃的课程图景

七巧板　　事件 年级	玩出好习惯 蔷薇小使者	玩出好教养 蔷薇小绅士	玩出好身体 蔷薇小健将	玩出好心态 蔷薇小天使	玩出好口才 蔷薇小精灵	玩出好头脑 蔷薇小博士	玩出好品味 蔷薇小达人
五下	参观嘉定博物馆、美术馆	到嘉定图书馆成功借阅书籍	打篮球	虚拟孕妇体验一天生活 学会感恩	名家名作	阅读一位作家系列作品，了解他笔下主人公的形象；玩魔方	画国画
	在校内选择一个岗位当一次蔷薇"志愿者"	参加毕业典礼	打三毛球、羽毛球	做一天小老师	"我眼中的____"	当小小金融家	设计个人毕业册
每年整合的活动	新小25个礼仪教育；教育实践基地参观活动；春秋素质教育实践活动等	德育年月日系列活动；跳蚤市场义卖；逃生演习活动等	体育节系列活动；"阳光体育大联赛"系列活动，食品卫生与安全教育等	助残周活动；法制宣传周活动；心理健康宣传周活动；青春期教育等	推普周系列活动；读书节系列活动；英语节系列活动等	科技节系列活动；数学节系列活动等	艺术节系列活动；高雅艺术欣赏活动；"新成·蔷薇杯"摄影创作活动等

　　根据上表安排,学校七巧板课程每个学期均以具体事件加以有效开展与落实,因每个事件的授课时间长短不一,所以具体的授课数由课程管理部门全面协调,统筹安排。从横向看,每学期的事件由七巧板课程的7个课程维度合成;从纵向上看,每一个维度在小学1—5年级形成一个课程系列,以一个主题的事件贯穿起来。同时结合学校传统的文化活动,如每年一届的艺术节、科技节、读书节、体育节活动、数学节活动,把德育活动纳入课程体系之中,做到系列化、规范化、科

学化。

第四部分　学校课程实施

一、以"灵性课堂"为核心，推进基础课程的高品质实施

灵性教育是充满生机和活力的教育，是让每一个生命都灵动地生长和发展的教育，是激发学生灵性与智慧的教育。建构充满灵性的课堂，是灵性教育下的课堂生态。它不仅是知识建构的空间，更是学生生命活动的场所。它不是静止的，而是提炼生活、展示风采、体验人生、追求成功、感受欢愉、发展生命的过程。因此，课堂中充满灵性、充满生命活力，应是始终唱响在课堂教学中的主旋律。

"灵性课堂"是间游戏场。爱玩是孩子的天性，游戏是孩子最感兴趣的活动。教育家克鲁普斯卡娅说过："对于孩子来说，游戏是学习，游戏是劳动，游戏是最重要的教育形式。"从这个意义上讲，游戏是一种能形成强大力量的心灵沐浴。因此，教师要敢于把游戏引进课堂，把知识融合在游戏中，使孩子在游戏中掌握知识，开发智力，从而实现生命的发展。

"灵性课堂"是家问题吧。让学生学会学习的第一步就是让学生学会主动地提出问题。在课堂中，教师需更加关注学生的发展，充分挖掘孩子们的潜力，使之主动积极地学习。因此，教师应努力改变学生被动接受的学习方式，使教学过程成为孩子们不断提出问题和解决问题的过程。

"灵性课堂"是间阅览屋。我们以"阅读是学生生命存在的重要方式"为理念，以"良好阅读行为习惯的养成"为重点，让阅读从单学科走向全学科，从被动走向自觉，从教育手段走向教育目的，从学科学习走向健全的人格塑造。

"灵性课堂"是个聊天室。我们提倡师生与文本之间跨越时间的

对话,学生与学生之间发展个性的对话,学生与教师之间民主平等的对话。在这个过程中,我们追求的是心与心的呼唤,神与神的交融,情与情相牵,思维与思维的碰撞。

"灵性课堂"是个加油站。赞可夫指出:"教育法一旦能触及学生情绪和意志领域,触及学生的精神需要,就能发挥其高度的有效作用。"而"触及学生的情绪和意志"、"触及学生的精神需要"最有效的方法就是教师的赞赏。教师要帮助孩子勇敢地撞击成功,不断地追求成功。成功的体验会满足学生自我实现的需要,产生良好的情绪体验,使心灵得到舒展,成为不断进取的加油站。

二、以"玩出灵性"为追求,推进系列特色课程的高品质实施

灵性教育的着力点在于课程设置的人本化、多样化、特色化。学校构建"玩出灵性"的校本课程体系打破了国家课程的统一性、标准性、地域特性和儿童个性之间的屏障。以丰富的课程资源,给予学生适合的教育,将儿童的现实兴趣、需要与其将来的发展结合起来,为学生提供丰富多彩的选择和可能,赋予其终身发展的力量。

特色课程以"好玩的N个事件"为教材改编重组和深度挖掘的依据,开发适应不同年级、不同学生需要的校本必修课程、选修课程、活动课程,形成多元开放、课内课外有机结合的"立体交互式灵性课程体系"。

实施中,要求必修课程所有学生都要获得相应学分;选修课程面向对该课程有兴趣的学生,修得相应学分;社团建设面向有发展需求的学生,通过成果展示等形式进行评价。学校同时提出学生研修校本课程的底线要求,即体现"六个一"的课程构架:拥有一个艺术爱好、坚持一个健身项目、展露一手民族特色、养成一种阅读兴趣、保持某一个领域的探究兴趣、参加一个公益活动(社团组织)。在校本课程时间的安排上,以课时为单位,交叉安排不同课程的授课时间。必修课直接安排在各班级的课程表上,以班级为单位授课;选修课程采用分班组合、分层走班的形式进行活动。选修课程实行全校同一时间进行,

每天下午学校的运动场、专用教室等所有场地资源向学生开放。这种实施方式有效保证校本课程的有序进行,课程建设也呈现开放、民主、动态的良好态势。

三、以"整体学习"为抓手,推进学习品质的提升

学习并不是单纯的认知行为和封闭的个体行为,它是学生在生活中不断成长和不断发展的过程,其中必然渗入了学生的情感、态度和价值观。约翰·米勒(John. P. Miller)称之为"整体学习"(holistic learning)。整体学习力求通过各种不同形式的共同体寻求学科之间、学习者之间的关联,寻求学习情境中诸因素间的动态平衡,如内容与过程、学习与评价、分析性思维与创造性思维之间的平衡等。整体学习还具有包容性,是指各种认知和学习方式在运用时要同时作用于身体、情感、思维和精神的若干方面。

我们认为,要培育灵性课堂的灵性,必须发展教师自身的智慧,唯有如此,才能真正从根本上培育课堂教学的灵性。在教师的职业生涯中,可以通过沉思、想象、运动、日记写作等方式提升自身的灵性品质,保证自身的整体性。

课程是师生在一定情景中展开文化探索的动态生成过程。课程是学生的课程，课程变革应该在学生的生活时节中关注教育意义的构建，关注师生之间的对话与理解，追求充满人性、富有意义的教育。我们基于什么构建课程？把儿童放在课程正中央，在课程建构与开发中，以儿童的直接经验、儿童的需要和动机、儿童的兴趣及心理特征为原点，构建有创造、能创新的儿童课程。

"启明星"课程：每一颗星都可以熠熠生辉

小脚丫课程：让每一个生命温润美好

第二章
扬帆，让生命温润灵动

　　一所学校先进的办学理念、独特的人才培养方式具体体现在学校的课程之中,就是学校课程要为每个充满可能性的儿童提供发展的机会,满足他们不同的成长需求,为他们的持续发展提供服务与支持。

　　课程是师生在一定情景中展开文化探索的动态生成过程。课程是学生的课程,课程变革应该在学生的生活时节中关注教育意义的构建、关注师生之间的对话与理解,追求充满人性、富有意义的教育。

　　基于什么构建课程? 城中路小学、古猗小学把儿童放在课程正中央,在课程建构与开发中,以儿童的直接经验、儿童的需要和动机、儿童的兴趣及心理特征为原点,构建有创造、能创新的儿童课程。

　　"启明星课程",既立足于儿童的现实基础,又着眼于儿童的未来,关注每一个孩子的个性成长和全面发展;而儿童的主体性、创造性和差异性,又不断促进课程的发展与丰富。学校在课程统整中积极推进课堂转型,关注课程与教学,关爱学生,聚焦课堂,调整课堂教学模式,增强课堂教学与学生学情的匹配度,提升每一位学生的学习品质,点燃每一个孩子的智慧心灯,让每一颗星星都熠熠生辉。

　　"小脚丫课程",尊重儿童的天性和立场,让儿童站在课程的中央,在校本课程开发中,以儿童的直接经验、儿童的需要和动机、儿童的兴趣及心理特征为原点,更好地促进学生健全人格的发展。为儿童营造生动、互动、鲜活、多彩的学习体验,积极引导学生与国家课程和校本课程对话,在系统、全面、呈阶梯式上升的课程中进步与成长。课程走进了每一个孩子的心田,让每一个生命温润美好。

　　学校以儿童的成长规律、认知经验为基础,选择丰富有趣的课程内容,运用贴近儿童生活的课程资源,采用自主、合作、探究的课程实施方式,扬童心、葆童真、激童趣,让课程为儿童所喜欢、所需要,灵动的课程成为儿童生命成长的"绿洲"。

"启明星"课程：

每一颗星都可以熠熠生辉

嘉定区城中路小学原名启良小学(私立)，1904 年创办于江南名园"秋霞圃"。一百多年间，学校四易其名，四迁校址，始终不变对"启良·明强"校训的倾力传承。

学校分为东西两个校区，东校区占地 7 135 平方米，建筑面积 2 219 平方米；西校区占地 19 529 平方米，建筑面积 896 平方米。现有 38 个教学班，1 734 名学生，91 名教师(2 名外借)。其中职称情况：中学高级教师 6 名，小学高级教师 51 名，小学一级教师 28 名。学历情况：在职研究生 1 名；大学本科学历 76 名；大专学历 13 名；中专(高中)学历 2 名。骨干教师情况：镇级骨干 2 名，校学科带头人 2 名，校级骨干 14 名。年龄结构：30 周岁以下(包括 30 周岁)9 人，占教师数：10.11%；31 周岁～45 周岁 56 人，占教师数：62.99%；46 周岁以上(包括 46 周岁)11 人，占教师数：12.36%；50 周岁以上 13 人，占教师数：14.60%。

在嘉定教化之风的熏陶下学校弘扬正气、锐意进取，形成百年老校新时代"启明至诚中和"的办学理念，以"创造每一天新的晨晓"为办学目标，努力形成"晨晓启明"文化品牌，让每个学生沐浴在晨晓的光辉中熠熠闪耀。

五年来学校先后获得市级以上荣誉称号：全国红十字模范校、全国中小学中华优秀文化艺术传承学校、上海市文明单位，上海市家庭教育指导实验基地，上海市青少年科普宣传教育先进集体，上海市中小学行为规范示范校，上海市安全文明校园，全国学校体育联盟（教学改革）示范校。

第一部分　学校课程哲学

先进的学校文化是品质教育的生态系统与核心竞争力。多年来，城中路小学始终将"学校文化"作为办学水平、办学特色最重要的标志。今天城小文化的形成是历代城小人内化于心、外显于行的一个由表及里、由量到质的不断积累、不断升华的渐进过程，也成为学校所有成员的精神追求与力量源泉。

一、学校教育哲学："星教育"

在弘扬办学传统，珍视学校文化的同时，我校坚持与时俱进，继承学校优质办学、和谐发展之路，依靠自身多年累积的文化传承保持着长盛不衰。结合党的群众路线教育实践活动，今年年初，我们在教师、学生、家长中广泛征求学校发展意见，集思广益之后勾画了"晨晓启明"学校文化创新实践路线。

办学理念：启明至诚中和

办学目标：创造每一天新的晨晓

发展愿景：每一位教师都是一颗星，每一个孩子都是一颗星，每一门课程都是一颗星。

二、课程理念：让每一颗星星都熠熠生辉

"晨晓"是"城中路小学"校名简写"城小"的谐音。晨晓：意为清晨拂晓之时。"启明"取自于百年校训"启良·明强"两词的首字。"晨

晓启明"并非口号,而是我们的对办学理念的一种诗意诠释。"一日之计在于晨",闻鸡起舞、书声琅琅,启迪智慧和良知从最美好的清晨时光开始。此时,天空中的"启明星"放射着令人注目的光辉,它照亮黎明,启迪希望,焕发出生命的光彩,开启蔚蓝色的新一天。我们期盼,为孩子们打造一所如"晨晓"般在静逸中萌发生命乐章、闪烁智慧星光的学校,点亮智慧与心灵,成就每一位教师和每一位学生,让每一颗"启明星"都熠熠生辉。

由此可见,学校大力推进"晨晓启明"学校文化创新实践,正是以外在品牌的锻造来彰显学校内在品格的珍贵,以此彰显我们的办学目标与文化追求,同时也体现了"启良·明强"百年校训在品质教育下的新价值。

第二部分 学校课程目标

一、总目标

切实贯彻落实上海市中小学课程计划,根据课程目标,以先进的课程理念为指导,结合学校实际,加强学校课程管理,科学、合理地制订每一学年年度学校课程计划,制定"快乐活动日"方案,形成富有鲜明特色、利于师生发展的学校课程体系,以课程建设打造学校"启明"文化品牌,让每个学生沐浴在晨晓的光辉中熠熠闪耀。

二、分层目标

学生培养目标:培养学生学习能力,发展个性,健全人格,为学生的全面发展、终身发展奠定基础,争当知书明理、健康自然好少年。

（一）知礼仪，懂礼貌；

（二）会学习，乐探究；

（三）显童趣，能审美。

教师发展目标：坚持以学生为本的教育理念，增强课程意识，培育专业精神，提高教学品质，做一个博学敬业、儒雅大气的老师。重点进行五项修炼：修炼师德，成为育人巧手；修炼课堂，成为教学强手；修炼课程，成为课程高手；修炼研究，成为科研能手；修炼管理，成为专业好手。

课程建设目标：以"让每一颗星星都熠熠生辉"为核心理念，构建科学合理、特色鲜明的学校课程计划，制定"快乐活动日"方案，关注学生的课程满意率，为师生营造多元的、自主的、和谐的发展环境，让城小师生得到充分发展。

第三部分 学校课程体系

一、课程逻辑结构

我们围绕"每一颗星都可以熠熠生辉"的办学愿景，面向全体学生，结合学科特点，根据多元智能理论，确定"五星"课程架构：语言发展课程（智慧之星）、自然探索课程（探究之星）、艺术审美课程（艺术之星）、运动健康课程（健康之星）、社会交往课程（幸福之星），并且做到课程相互包容、挖掘教育资源、家校有效合作。

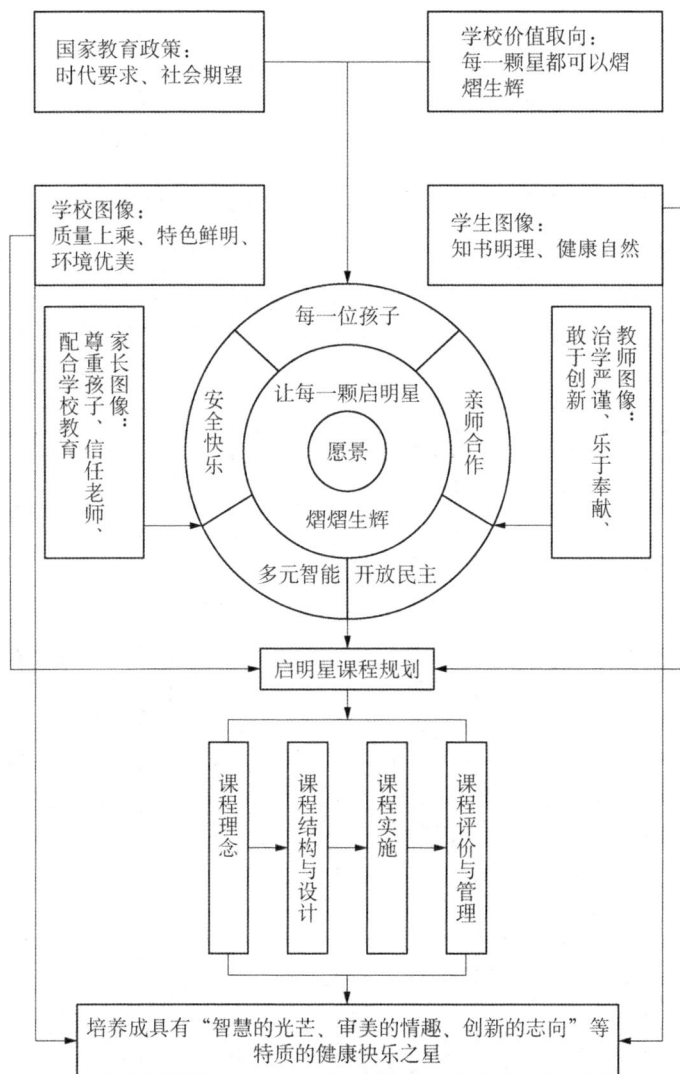

图 2 - 1

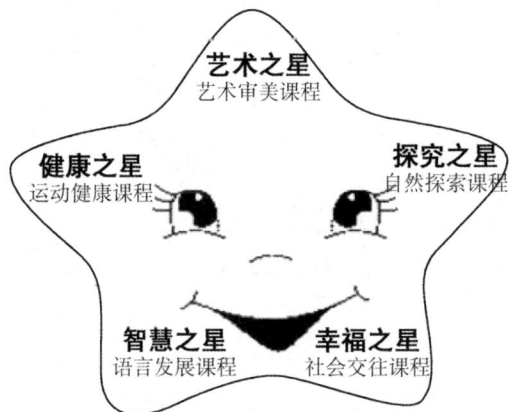

二、课程设置

根据"启明星"课程结构图,结合学校课程资源情况,对学校课程内容体系进行系统构建:

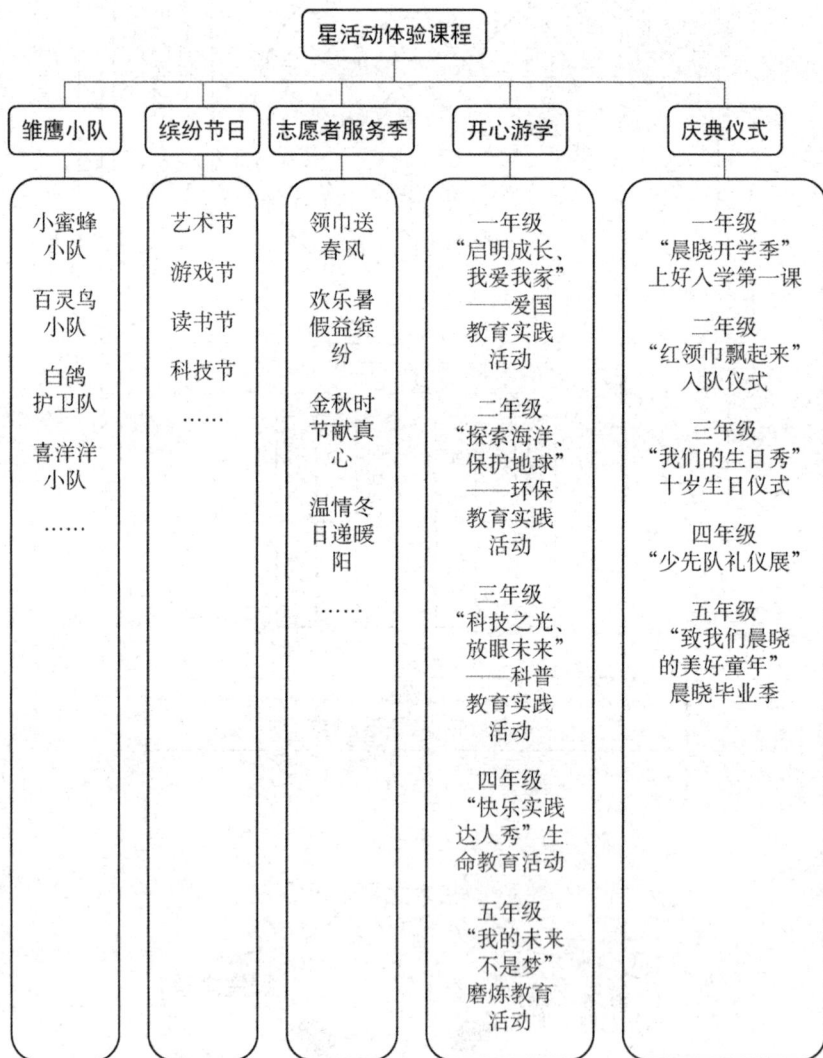

星活动体验课程

| 雏鹰小队 | 缤纷节日 | 志愿者服务季 | 开心游学 | 庆典仪式 |

小蜜蜂
小队

百灵鸟
小队

白鸽
护卫队

喜洋洋
小队

……

艺术节

游戏节

读书节

科技节

……

领巾送
春风

欢乐暑
假益缤
纷

金秋时
节献真
心

温情冬
日递暖
阳

……

一年级
"启明成长、
我爱我家"
——爱国
教育实践
活动

二年级
"探索海洋、
保护地球"
——环保
教育实践
活动

三年级
"科技之光、
放眼未来"
——科普
教育实践
活动

四年级
"快乐实践
达人秀"生
命教育活动

五年级
"我的未来
不是梦"
磨炼教育
活动

一年级
"晨晓开学季"
上好入学第一课

二年级
"红领巾飘起来"
入队仪式

三年级
"我们的生日秀"
十岁生日仪式

四年级
"少先队礼仪展"

五年级
"致我们晨晓
的美好童年"
晨晓毕业季

图 2-2

表 2-1

课程内容	基本课程	特色课程	课程目标
智慧之星	语文 数学 英语	《晨晓星阅读》 《晨晓星作业》 《晨晓星文本》	在学习过程中,增强学习的自信心,养成良好的学习习惯,初步掌握学习的基本方法。能主动进行探究性学习,在实践中学习、运用相关知识。培养独立阅读、思考、表达等多种方法。能根据日常生活需要,运用常见的表达方式写作,具有日常口语交际的基本能力,学会倾听、表达与交流,初步学会文明地进行人际沟通和社会交往。
健康之星	体育	《轻羽飞扬》 《简化太极》	热爱体育运动,坚持参加体育锻炼活动。学习合理锻炼、养护身体的知识。养成自觉锻炼身体的习惯,掌握合理锻炼、养护身体的方法。养成良好卫生习惯,具有良好的个人生活、饮食等习惯,自觉保持环境卫生,注意用眼卫生。增强适应、抗病能力,健康的身体和初步的环境适应能力。具有健康身体和环境适应能力。学会自我保健。掌握至少一项以上的体育技能。
艺术之星	美术 音乐	《动漫日记》 《跳动的舞鞋》	学生能以个人或集体合作的方式参与各种美术活动,尝试各种工具、材料和制作过程,学习美术欣赏和评述的方法,丰富视觉、触觉和审美经验,体验美术活动的乐趣,获得对美术学习的持久兴趣。能够感知音乐旋律的变化,能够体验音乐情绪的变化,形成健康的审美情趣,发展个性,形成合作精神,逐步形成积极的人生态度和正确的价值观。在学习过程中,激发创造精神,发展美术实践能力,形成基本的艺术素养,陶冶高尚的审美情操,完善人格。
探究之星	科学 科技	《竹光溢彩》 《动力机器人》	知道与周围常见事物有关的浅显的科学知识,并能应用于日常生活,逐渐养成科学的行为习惯和生活习惯;了解科学探究的过程和方法,尝试应用于科学探究活动,逐步学会科学地看问题、想问题;保持和发展对周围世界的好奇心与求知欲,形成大胆想象、尊重证据、敢于创新的科学态度和爱科学、爱家乡、爱祖国的情感;亲近自然,欣赏自然,珍爱生命,积极参与资源和环境的保护,关心科技的新发展。

课程内容	基本课程	特色课程	课程目标
幸福之星	学生社会实践体验活动	《幸福课程》《职业微体验》	获得适应社会生活和进一步发展所必须的生活常识、基本技能、基本思想、基本活动经验。在课程指导下进行体验感知，形成融入集体的素养和社会适应能力，促进学生在学校集体生活中幸福成长。整合学校主题教育活动、社会实践、专题课、探究课程等丰富多彩的德育方法与载体，把幸福教育寓于鲜活的活动体验之中，充分利用家长资源，适度开发微体验课程。

表 2－2　"1＋X"课程群

哲学知识论框架	主题类别	课程名称	年级（年龄段）
"践行与公则"课程	"环境与我"课程	环境教育	一至五年级
		低碳行动	一至五年级
		雅俗共赏	一至五年级
		绿色心理辅导	一至五年级
	"公则习惯"课程	法制教育	一至五年级
		安全教育	一至五年级
		感恩教育	一至五年级
	"劳动审美"课程	缤纷果壳贴	一年级
		树叶贴画	一年级
		豆贴	二年级
		布贴艺术	四年级
		绒线贴	五年级
		绒线钩织	三年级
		工艺剪贴	二年级
		创意折纸	五年级
		趣味撕纸	二年级
		纸杯工艺	三年级
		十字绣	四年级
		中国结	四年级
		竹刻	四、五年级

哲学知识论框架	主题类别	课程名称	年级(年龄段)
	"阅读体验"课程	古诗吟唱	一年级
		弟子规诵读	一年级
		趣味谜语	四年级
"性向选择"课程	"自然科学"课程	绿色动力机器人	三至五年级
		趣味24点	一年级
		七巧板	一年级
		记忆的魔法	四年级
		我的图案世界	五年级
		奇思妙想小发明	四、五年级
	"语言表现"课程	童谣吟唱	一年级
		科普英语	三至五年级
		少儿口语交际	一、二年级
	"演唱情节"课程	合唱	三至五年级
		民族舞蹈(1)	一、二年级
		民族舞蹈(2)	三至五年级
		激情拉丁	四、五年级
		京剧欣赏	五年级
		民乐	三至五年级
	"画画雕塑"课程	多彩泥世界	二年级
		陶艺	四、五年级
		儿童画	一、二年级
		国画社团	一、二年级
		日记画	三至五年级
"网络素养"课程	"网络互动"课程	电脑小报	三年级
		网页制作	四、五年级
"体育"课程	"体育技艺"课程	田径(1)	一、二年级
		田径(2)	三至五年级
		篮球	四、五年级
		跳踢	三至五年级
		羽毛球	一至五年级
		足球	三至五年级

"1＋X"课程群设置丰富多彩的活动内容,充分满足所有学生

的需求,充分尊重学生的兴趣爱好,要用足校内资源、用好社会资源。

（一）主题课程、社团课程：以中、长课程相结合的方式,采用走班的形式开展活动。中期课程实施时间一般为4个半天,学生完成后便进入第二个课程的学习,长期课程实施的时间为一个学期。以作业单与作品展示的形式呈现学习内容。

（二）社会实践：依托市、区、校三级社会实践活动基地,让学生积极开展社区公益、参观考察、社会调查、各项研究等社会实践活动。

（三）体育活动：每周均安排35分钟的体育活动时间,因学校活动场地的局限,采用室内与室外交替的形式开展活动,由体育组制定活动安排表,让学生在各项体育活动中锻炼身体,养成"每天锻炼一小时"的生活习惯,形成"健康第一"的生活理念。

第四部分　课程实施

一、建构"星课堂",推进学科基础课程的有效实施

学校在"课程统整"中积极推进"课堂转型",关注课程与教学、关爱学生、聚焦课堂,调整课堂教学模式、增强课堂教学与学生学情的匹配度是提升学生学习品质、打造品质课堂的重要途径。

1. 教学目标：饱满;

2. 教学内容：丰实;

3. 教学过程：灵动;

4. 教学方法：缤纷;

5. 教学评价：立体;

6. 教学文化：融合。

二、建设"星学科",推进学科拓展课程的全面落实

学科拓展类课程是弥补单纯的学科类课程学习之缺陷而提出的素质教育项目,在课程内容的设置上,区别于国家意志规定的以系统文化学习为任务的学科特征,具有潜在课程的特征,是基于校情,满足学生个性发展需求,体现一所学校自己办学风格与价值倾向的课程。同时,在教与学内容的知识属性上,它以直接经验为主,亲历实践,具有活动课型、充盈着与人与自然交往的关系、道德教化的色彩,对培育学生学习意义动机、积累经验,有着不可替代的作用。

1. 开放性原则:体现在目标的多元性,内容的宽泛性,时间空间的广域性,评价的差异性。

2. 引导性原则:重视发展学生的直接经验,通过问题、集体、自然对象、实践、动手、规则等情景,引导学生认识积极的传统价值观,接触自然,习得公则,学习做人做事。

3. 自主自愿原则:承认、尊重人的发展的差异与权力,注重学生的主体地位,尽可能满足学生的意愿、发挥学生的个性特长,鼓励自主活动,营造创造、实践的空间,使学生在活动中享受幸福感。

小脚丫课程：
让每一个生命温润美好

上海市嘉定区古猗小学是一所全日制公办小学，学校创建于
2012 年 9 月，占地面积 29 855 平方米，其中建筑面积 14 862 平方米，
运动场地面积 10 800 平方米（4 片篮球场、300 米塑胶跑道、天然草坪
足球场），图书藏量 20 414 册，计算机拥有量 182 台（其中学生机 103
台）。拥有行政楼、教学楼、体育馆、图书馆、多功能报告厅等功能型建
筑，配以电脑房、科技室、录播室等 16 间专用教室。学校计划规模为
35 个教学班，现有一、二、三年级教学班 21 个，学生 786 名，是一所规
模大、景色美、设施优的学校。

第一部分 学校课程愿景

一、办学理念：和润生命 美泽人生

古猗小学传承经典"以美育人"的教育思想，适应当下"和谐校园"
的文化构建，积极探索"和谐而美、美而和谐"的治校方略。在此统领
下的"小脚丫课程"是通过科学、规范、正式的基础型课程，多元、丰富、
特色的校本课程（包括部分拓展型课程、探究型课程），培养学生成长

为热爱运动、探索求知、品性高雅、善于表达、思维活跃的人。

二、课程理念：让每一个生命温润美好

我们的课程理念是：让每一个生命温润美好。

（一）课程即生命的旅程

儿童不是成人的缩影，而是具有独特的生理、心理特点的。小学低年级段（1—2年级）学生以形象思维为主，好奇、好动、模仿力强是其身心特点。小学中年级段（3—4年级）学生的认知过程由形象性向抽象性过渡，心理活动由不随意性向随意性和自觉性发展，集体意识开始形成。高年级段（5年级）学生的生活范围和认知领域进一步扩展，获得知识和信息的途径增多，在学习上形成自己的初步经验，探索创造的活动能力增强。基于儿童的成长规律，我们设置的课程要尊重孩子的认知特点，符合学生的成长需要，使之成为孩子生命过程中一段美好的旅程。

（二）课程即温暖的陪伴

美好的课程是学生全面发展、健康成长的途径和载体，课程设置的适切性与否，直接关系到学生对于课程的接受程度和习得成效。适切、美好的课程可以带给学生快乐的体验和温暖的陪伴。针对低、中、高年级，不同学段学生的身心特点，我们策略是：1.针对低年级段学生的课程与教学要趣味性强，形象而直观，注重激发学习兴趣；要创设情境，培养学生倾听、交流、学习的习惯；学习的内容要形象鲜明、简明扼要、易于理解，学习的形式要多样化，注重合作学习。2.针对中年级段学生的课程与教学要在保持学生积极的学习兴趣上下功夫，促进他们积极的、主动的思维活动，养成良好的语言、思维、交流等习惯。可走出课堂，以课内促课外，提高观察、合作、表现、探究等能力。强调合作精神，突出学生的自主性，重视学生主动积极地参与。3.高年级段学生的课程与教学应注意引导学生对学习内容的整体感受，丰富教学

的内容,提倡跨领域学习,增加创作、探究学习的机会。

(三)课程即美好的拥有

教育目标首先要解决"做怎样的人"的问题。我们希望通过"小脚丫课程",让学生具有协作精神,同情心和服务他人的精神;具有健康的体格,养成良好的卫生习惯,学会一定的运动技能;培养研究的态度,充分的知识,表意的潜力;能够欣赏自然美和艺术美,养成快乐向上的精神。我们希望"小脚丫课程"成为学生快乐、美好的学习经历。我们努力设置丰富、多样的课程,供学生根据个人特长、喜好进行选择性参与。我们尝试建立师生学习共同体,充分调动、发挥学生的主体性作用,让学生在自我感悟中,在相互讨论中,在小组交流中,在合作学习中动口、动脑、动手,去理解、去探索、去创造。

第二部分 学校课程目标

一、培养目标

古猗小学面向"新南翔人"学生群体展开调研,发现这些孩子对于南翔的历史文化是陌生的,文明礼仪、行为规范等方面的教育有缺损。因此,学校努力构建"小脚丫课程",涵盖运动、社会、科学、艺术、益智等五个方面,依托基础型课程、探究型课程、拓展型课程,有机统整并落实,引导学生一步一个脚印,茁壮成长为"健康、明礼、求真、清雅、敏学"的人。

二、课程目标

——运动课程:培养爱运动、阳光健康的学生。采用"项目式"培养方法,如田径、网球、篮球、乒乓……供学生选择参与,学校配备相应的专业教师。

——社会课程：培养爱交往、明礼诚信的学生。采用"嵌入式"培养方法，依托"古猗文化"逐步推进，与主题教育活动、少先队活动等有机整合。

——科学课程：培养爱研究、求真求知的学生。采用"活动式"培养方法，围绕"科技环保创意园"项目的建设，设计符合学生年龄特点的科学探索活动，按年级段分层落实。

——艺术课程：培养爱艺术、情趣高雅的学生。采用"普及＋提高"的培养方式，依托基础型课程、艺术节活动，开展"普及型"的教育教学活动，如：集体舞、班班有歌声等。结合艺术社团建设，开展"提高型"的教育教学活动，如少儿舞蹈、马林巴乐队、巧绘坊、衍纸社团等。

——益智课程：培养爱学习、善于表达的学生。采用"个性＋多样＋分层"的教学方式，在基础型课程中关注学生的阅读和表达能力培养，在综合活动中精心设计经典阅读、慧雅书童等活动，构建个性、多样、分层的活动模式。

小脚丫课程分年级段目标

表 2－4

年级段 课程类别	一、二年级	三、四年级	五年级
运动课程	立足《体育与健身》等基础型课程，培养学生健康的体质；依托丰富多彩的体育俱乐部活动和体育趣味活动，培养学生的体育兴趣和体育素养。	通过体育基础型、拓展型课程活动，提升学生的体育素养，培养学生的体育兴趣和特长；组织开展各级各类体育比赛，培养学生体育精神。	通过体育基础型课程，培养学生健康体质，依托体育俱乐部活动，培养学生的体育特长；组织开展各级各类体育比赛，培养学生体育精神；打造学校体育品牌项目。
社会课程	立足《品德与社会》等基础型课程，培养学生文明礼仪、基本的生活技能；依托"古猗文化"开展访学实践活动，引导学生认识南翔；整合主题教育活动、少先队活动，培养学生良好品行。	立足《品德与社会》等基础型课程，培养学生文明礼仪、生活劳动技能；依托"古猗文化"，组织学生开展访学实践活动，引导学生了解家乡；整合主题教育活动、少先队活动，培养学生良好品行。	立足《品德与社会》等基础型课程，培养学生文明礼仪、生活劳动技能；依托"古猗文化"，组织学生开展访学实践活动，引导学生了解家乡；整合主题教育活动、少先队活动，培养学生良好品行。

活跃的课程图景

课程类别＼年级段	一、二年级	三、四年级	五年级
科学课程	依托《自然》等基础型课程，传授学生科学知识；依托"科技环保创意园"，普及"垃圾分类"知识，开展"变废为宝"创意活动；组织开展各级各类科普活动，培养学生科学素养。	依托《自然》等基础型课程，传授学生科学知识；依托"科技环保创意园"，推进"垃圾分类"活动，开展"变废为宝"创意活动；组织开展各级各类科普活动，培养学生科学素养。	依托《自然》等基础型课程，传授学生科学知识；依托"科技环保创意园"，推进"垃圾分类"活动，开展"变废为宝"创意活动；组织开展各级各类科普活动，培养学生科学素养。
艺术课程	立足艺术基础型课程，培养学生艺术兴趣、艺术素养；依托艺术社团活动，培养学生艺术特长；组织开展各级各类艺术活动和比赛，丰富学校的艺术文化氛围。	立足艺术基础型课程，培养学生艺术兴趣、艺术素养；依托艺术社团活动，培养学生艺术特长；组织开展各级各类艺术活动和比赛，丰富学校的艺术文化氛围，打造学校艺术特色项目。	立足艺术基础型课程，培养学生艺术兴趣、艺术素养；依托艺术社团活动，培养学生艺术特长；组织开展各级各类艺术活动和比赛，丰富学校的艺术文化氛围，打造学校艺术特色项目。
益智课程	立足基础型课程，培养学生良好的学习习惯；结合"经典诵读"、"慧雅书童"等项目，培养学生阅读、思维、表达等能力。	立足基础型课程，培养学生良好的学习习惯和正确的学习方法；结合"经典诵读"、"慧雅书童"等项目，培养学生阅读、思维、表达、写作等能力。	立足基础型课程，培养学生良好的学习习惯和正确的学习方法；结合"经典诵读"、"慧雅书童"等项目，培养学生阅读、思维、表达、写作等能力。

第三部分　学校课程体系

一、"小脚丫"课程结构

"小脚丫"寓意：一步一个脚印，苗壮成长。古猗小学的"小脚丫课程"有机统整了基础型课程、探究型课程、拓展型课程，分"运动、社会、科学、艺术、益智"五大版块。五大版块相互联系、协同发展,支撑起学生的全面发展和健康成长。

"小脚丫课程"图谱如下(见图2-3)

图 2-3

二、"小脚丫"课程内容与阶梯式设置

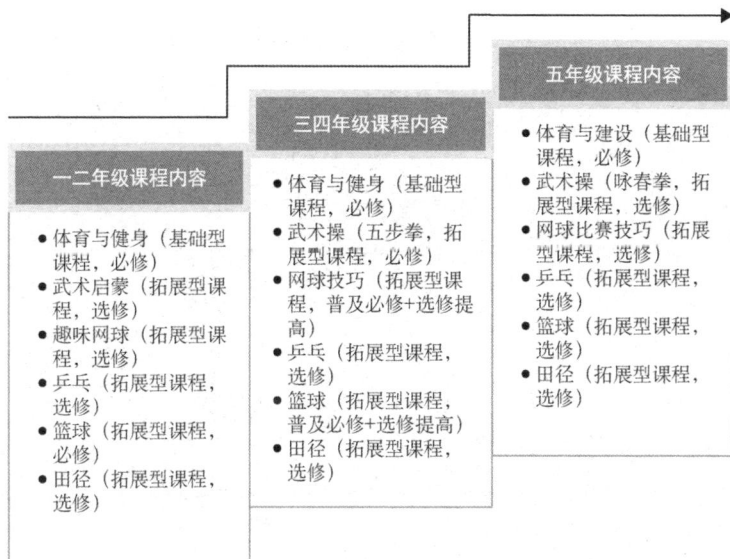

一二年级课程内容

- 体育与健身(基础型课程,必修)
- 武术启蒙(拓展型课程,选修)
- 趣味网球(拓展型课程,选修)
- 乒乓(拓展型课程,选修)
- 篮球(拓展型课程,必修)
- 田径(拓展型课程,选修)

三四年级课程内容

- 体育与健身(基础型课程,必修)
- 武术操(五步拳,拓展型课程,必修)
- 网球技巧(拓展型课程,普及必修+选修提高)
- 乒乓(拓展型课程,选修)
- 篮球(拓展型课程,普及必修+选修提高)
- 田径(拓展型课程,选修)

五年级课程内容

- 体育与建设(基础型课程,必修)
- 武术(咏春拳,拓展型课程,选修)
- 网球比赛技巧(拓展型课程,选修)
- 乒乓(拓展型课程,选修)
- 篮球(拓展型课程,选修)
- 田径(拓展型课程,选修)

图 2-4　运动课程内容及其成长阶梯

五年级课程内容
● 品德与社会（基础型课程，必修） ● 专题教育或班团队活动（拓展型课程，必修） ● 社会服务、社会实践（拓展型课程，选修） ● 古猗文化之爱我南翔（限定拓展，必修）

三四年级课程内容
● 品德与社会（基础型课程，必修） ● 专题教育或班团队活动（拓展型课程，必修） ● 社会服务、社会实践（拓展型课程，选修） ● 古猗文化之探索南翔（限定拓展，必修）

一二年级课程内容
● 品德与社会（基础型课程，必修） ● 专题教育或班团队活动（拓展型课程，必修） ● 社会服务、社会实践（拓展型课程，选修） ● 古猗文化之初识南翔（限定拓展，必修）

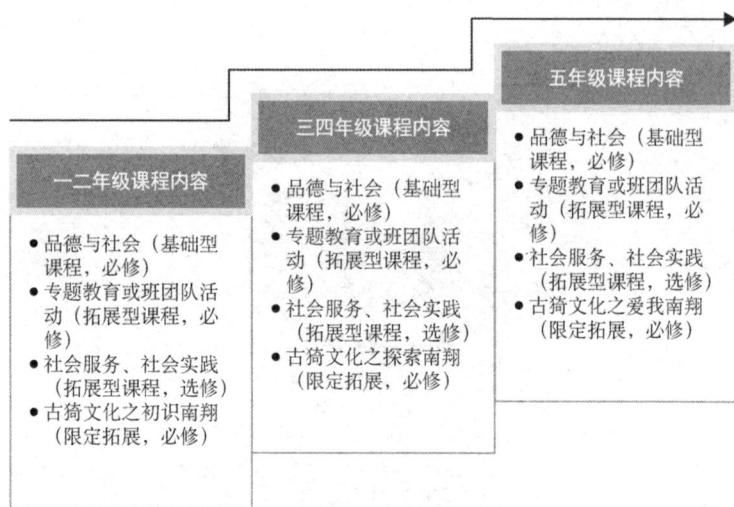

图 2-5　社会课程内容及其成长阶梯

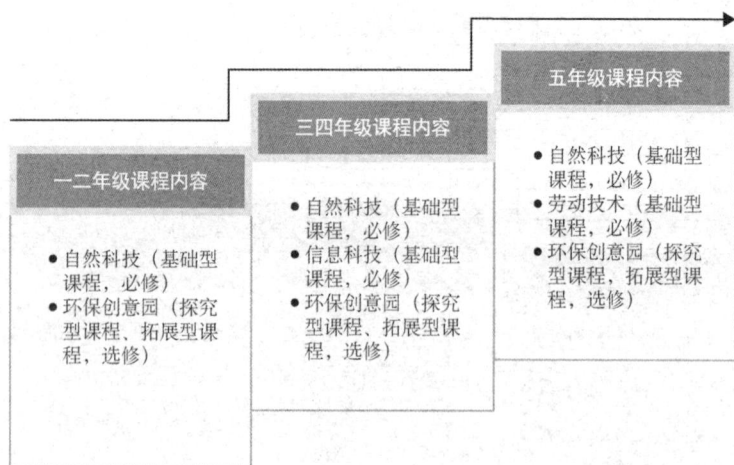

五年级课程内容
● 自然科技（基础型课程，必修） ● 劳动技术（基础型课程，必修） ● 环保创意园（探究型课程，拓展型课程，选修）

三四年级课程内容
● 自然科技（基础型课程，必修） ● 信息科技（基础型课程，必修） ● 环保创意园（探究型课程、拓展型课程，选修）

一二年级课程内容
● 自然科技（基础型课程，必修） ● 环保创意园（探究型课程、拓展型课程，选修）

图 2-6　科学课程内容及其成长阶梯

一二年级课程内容

- 唱游（基础型课程，必修）
- 美术（基础型课程，必修）
- 舞蹈、马林巴、合唱（拓展型课程，选修）
- 巧绘坊、超轻土（拓展型课程，选修）
- 艺术节、各级各类演出比赛（拓展型课程，选修）

三四年级课程内容

- 音乐（基础型课程，必修）
- 美术（基础型课程，必修）
- 舞蹈、马林巴、合唱（拓展型课程，选修）
- 巧绘坊、超轻土、衍纸、书法（拓展型课程，选修）
- 艺术节、各级各类演出比赛（拓展型课程，选修）

五年级课程内容

- 音乐（基础型课程，必修）
- 美术（基础型课程，必修）
- 舞蹈、马林巴、合唱（拓展型课程，选修）
- 巧绘坊、超轻土、衍纸、书法（拓展型课程，选修）
- 艺术节、各级各类演出比赛（拓展型课程，选修）

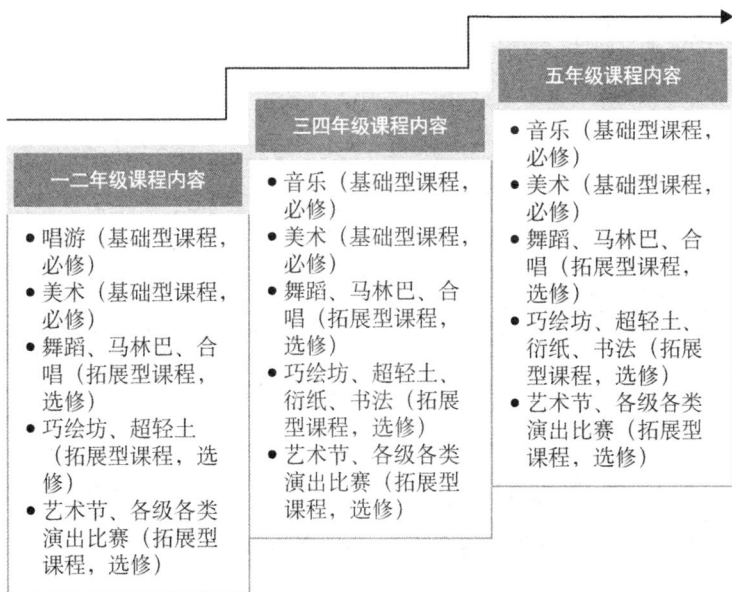

图 2-7 艺术课程内容及其成长阶梯

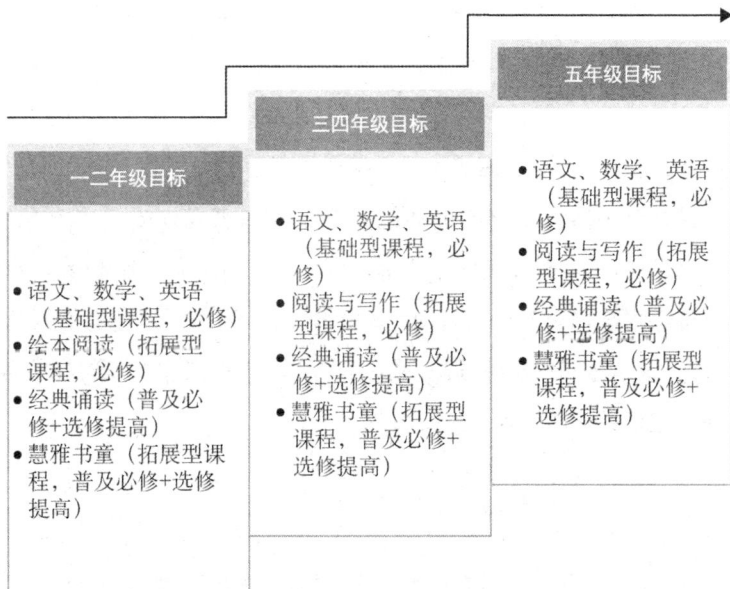

一二年级目标

- 语文、数学、英语（基础型课程，必修）
- 绘本阅读（拓展型课程，必修）
- 经典诵读（普及必修+选修提高）
- 慧雅书童（拓展型课程，普及必修+选修提高）

三四年级目标

- 语文、数学、英语（基础型课程，必修）
- 阅读与写作（拓展型课程，必修）
- 经典诵读（普及必修+选修提高）
- 慧雅书童（拓展型课程，普及必修+选修提高）

五年级目标

- 语文、数学、英语（基础型课程，必修）
- 阅读与写作（拓展型课程，必修）
- 经典诵读（普及必修+选修提高）
- 慧雅书童（拓展型课程，普及必修+选修提高）

图 2-8 益智课程内容及其成长阶梯

第四部分　学校课程实施

我们通过"小脚丫课程"的建设,为儿童营造生动、互动、鲜活、多彩的学习体验,积极引导学生与国家课程和校本课程对话,在系统、全面、呈阶梯式上升的课程中进步与成长。通过"小脚丫课程"的开发和实施,促进教师深入把握课程标准,探索国家课程校本化实施的策略,围绕操作要领开展丰富多姿的课程实践活动,在"实践——反思——再实践"的螺旋递升中提高自身课程开发与课程实施的能力,实现专业的成长。通过"小脚丫课程"的实施,我们将"和美教育"的理念融入教育教学的实践之中,凸显学校特色,打造学校品牌。

一、运动课程

此课程的实施由基础型课程"体育与健身"和拓展型课程"体育俱乐部活动"构建而成。体育俱乐部活动以"武术、网球、乒乓、篮球、田径"为主打特色项目,其中网球为体育局布点项目,网球教师们结合学生的年龄特点,把网球的基本动作编成了简单易学的网球操,训练学生的灵敏性、协调性。同时与体锻课结合,展开普及训练,与快乐活动日结合,进行拓展提高训练。武术以套路学习为主,一、二年级普及简单自编武术操,三、四年级普及"五步拳",五年级学习"咏春拳"。篮球、田径则通过基础型课程提升学生体育素养,拓展型课程选修提高,乒乓则邀请教练展开社团选修教学。

二、社会课程

优化基础型课程"品德与社会",培养学生社会生活常识、社交礼仪、处事原则等。通过德育"幸福课程"培养学生生活技能,结合少先队活动,组织开展"爱嘉学子"、"做一个有道德的人"等各类专题教育活动。结合南翔镇十大德育基地(老街历史陈列馆、古猗园、敬老院、消防队、武警部队……),组织学生开展访学活动。努力构建"古猗文化"校本课程,内容为初识南翔(一年级)、古镇寻访(二年级)、竹文化(三年级)、小笼文化(四年级)、南翔新发展(五年级)。

三、科学课程

环保科技创意园是古猗小学的龙头项目,在此项目的领衔下,我们以年级段为单位,组织策划丰富多彩的科技活动。如低年级段的变废为宝亲子赛、变废为宝创意时装秀等活动,中年级段的瓶子变变变、纸盘变变变等活动,高年级段的环保创意金点子大赛、头脑OM等活动。

四、艺术课程

依托基础型课程培养学生的艺术素养和高雅情趣。结合艺术社团活动,展开提高训练,培养学生的艺术特长。学校现有8个艺术社团,分别是舞蹈、马林巴、合唱、巧绘坊、超轻土、衍纸、书法、摄影,结合快乐活动日和乡村学校少年宫,还开设了黄梅戏、校园剧(课本剧)表演、速写、剪纸等艺术活动。每年的3至5月份是学校的艺术节,学校统整各级各类艺术比赛活动,精心设计校级海选活动,为学生搭建展现艺术才华的舞台。

五、益智课程

依托语文、数学、英语等基础型、工具性课程,着重培养学生阅读、思维、表达等能力。古猗小学围绕经典诵读、慧雅书童这两个项目载体,着力构建启智活动课程。利用每天晨间活动和课前两分钟活动,古猗小学扎扎实实地开展古诗词、弟子规、三字经、论语等吟诵活动,并结合每学年一次校园书香节,开展亲子诵读、唱诗班、班队集体朗诵等比赛。慧雅书童项目由学校英语组领衔,以圣诞节、母亲节、父亲节、感恩节、复活节、万圣节等西方节日文化为主题内容,积极开展英语表演、英语会话、英语游戏等活动。

柏拉图说过一句话："教育非他，乃心灵的转向"。那么，请问转向哪？往哪转？我所理解的最好的教育，就是帮助每一个孩子，去找到他们的生命价值，让他们幸福快乐地成长。幸福存在于人受教育的过程中，使人获得探求知识的技能和精神愉悦，体验到幸福的内涵，拥有幸福的能力。基于此，我们需要怎样的课程规划？让我们把目光投向构建更完美的课程变革方案的最前沿——学校。

方圆课程：在快乐与激情的绽放中认知

"新耕读"课程：每一个生命因耕读而成长

第三章
徜徉，让生命愉悦生长

柏拉图说过一句话:"教育非他,乃心灵的转向",那么,请问转向哪?往哪转?我所理解的最好的教育,就是帮助每一个孩子,去找到他们的生命价值,让他们幸福快乐地成长。

幸福是一种心灵体验。教育作为人类的一种生存方式,伴随着人的一生,如果能在这长久的教育生活中享受幸福,那教育将会是一件快乐而有意义的事。幸福存在于人受教育的过程中,使人获得探求知识的技能和精神愉悦,体验到幸福的内涵,拥有幸福的能力。

基于此,我们需要怎样的课程规划?让我们把目光投向构建更完美的课程变革方案的最前沿——学校。

"方圆课程",充分体现学校的办学理念,"方圆有致,共享幸福"。学校把方正、圆通的教育呈现给学生,让学生获得实实在在的发展,教师潜心思教,学生乐于学习,学校成为全体师生幸福成长的家园。

在此基础上,学校形成"在快乐与激情的绽放中认知"的课程理念。快乐是精神上的一种愉悦,是心灵上的一种满足;激情是一种强烈的情感表现形式,能调动身心的巨大潜力。学生在课程学习的过程中的经历和体验是愉悦、满足的,积极主动、有创造性的,共同建构的学习体验过程,是独特的、永远变化、发展着的形态。

"新耕读"课程,倡导生命因耕读而成长。张文质先生说教育是一个慢活、细活,是生命的潜移默化的过程,所谓润物细无声,教育的变化是极其缓慢、细微的,它需要生命的沉潜,需要深耕细作式的关注与规范。

教育给予学生最重要的东西,不仅仅是知识,而且是对知识的热情、对自我成长的信心、对生命的珍视,以及更乐观、更自信的生活态度。通过"新耕读"课程,培育学生增长学习智慧,提升学科素养,个性全面成长,感悟生命价值,感恩生活给予,能担当对未来生活的责任。

教育,需要长期的坚守。"方圆"和"耕读"课程之路任重而道远,不能奢望立竿见影,它需要一个慢慢累积、不断深化的过程。追求灵动的课程图景应是一种"慢艺术",如此,一个日臻完善的课程图景才能像珊瑚礁一样,在海面下缓缓累积而出。

方圆课程：
在快乐与激情的绽放中认知

上海市嘉定区方泰中学位于嘉定区安亭镇方泰地区，毗邻上海国际 F1 赛车场，是嘉定区一所公办初级中学。学校创办于 1958 年，并于 2004 年在原址上进行了改扩建。现校园占地面积 22 609 平方米，校舍建筑面积 12 408 平方米，绿化面积 8 756 平方米，运动场面积 8 205 平方米，配有高度智能化、现代化的多媒体校园网络，各种功能教室齐全并达到市级规范化标准。

学校在 50 余年的风雨历程中，一直有着持续的高质量教育教学，特别是近十年方泰中学教育教学成绩显著、社会声誉很高，先后荣获"上海市安全文明校园"、"上海市平安单位"、"上海市行为规范示范校"、"上海市科技车辆模型活动特色学校"、"上海市书法特色学校"、"嘉定区文明单位"、"嘉定区办学进步学校"、"嘉定区行为规范示范校"、"嘉定区民族精神教育试点学校"、"嘉定区生命教育试点学校"、"嘉定区绿色学校"等荣誉称号。学生的体质健康、学业合格率、升学率均达到优良等第。

第一部分 学校课程哲学

一、学校教育哲学：新方圆教育

在"新方圆教育"文化的涵育下，学校的办学理念是："方圆有致，共享幸福"。"方圆有致"的"方"是指管理的制度与规范、师生活动的准则，是管理行为的轨迹；"圆"是落实管理行为时的变通与灵活、理解和尊重，给师生以人文关怀，是管理行为的润滑剂。有方无圆则拘泥，有圆无方则不立，以方促圆，以圆建方，方与圆的和谐统一，才能达到"方圆有致"。

幸福是一种心灵体验。教育作为人类的一种生存方式，伴随着人的一生，如果能在这长久的教育生活中享受幸福，那教育将会是一件很容易、快乐的事。幸福存在于人受教育的过程中，使人获得探求知识和技能的精神愉悦，体验了幸福的内涵，也就能乐观地看待苦难。

学校要把"方正、圆通"的教育呈现给学生，让学生获得实实在在的发展，教师潜心思教，学生乐于学习，学校就会成为全体师生幸福成长的家园。

通过"方圆有致"的管理，努力使师生在享受教学的过程中，身心和智慧获得自由和谐的发展。"方圆有致，共享幸福"核心价值观的提出，既是对中华古老传统思想的有效传承，更是从学校的发展实际出发的必然选择。

在"新方圆教育"的办学理念的引导下，学校的办学目标是"让每位学生都能体验成功，让每位教师都能体现价值"，大力营造一种师生认同的、优雅的精神环境和浓郁的文化氛围，力求在满足师生对教育的心理需求中，真正实现学生、教师的全面发展。

在"新方圆教育"的办学理念的引导下，学校倡导"方若行义，圆若用智"的校训，践行"明德尚学，精业育才"的教风，秉承"博学慎思，明辨笃行"的学风,建设"志存高远,脚踏实地"的校风,真正培养方中一代新人。

学校发展的愿景:以"新方圆教育"文化建设引领方泰中学可持续发展,发扬求真务实、开拓创新精神,学生快乐发展,教师成功发展,学校和谐发展,倾力把学校建设成为环境和谐、师资优良、管理科学、特色鲜明、富有实力的现代学校。

二、学校课程理念:在快乐与激情的绽放中认知

根据"新方圆教育"的教育哲学和"方圆有致,共享幸福"的办学理念,学校形成了"在快乐与激情的绽放中认知"的课程理念。其涵义是:快乐是精神上的一种愉悦,是心灵上的一种满足;快乐的多少,来自有乐趣事物的多少,来自于满足自己内心需求、愿望多少;快乐的大小,来自所做有乐趣之事的大小,来自于需求强度的大小;快乐的长短,来自于享受快乐过程的长短。激情是一种强烈的情感表现形式,人在激情的支配下,能调动身心的巨大潜力,所有激情的渴望和憧憬能给我们带来快乐。认知是指通过心理活动获取知识,认知也可以称为认识,是指人认识外界事物的过程。在个体与环境的作用过程中,个体认知的功能系统不断发展,并趋于完善。"在快乐与激情的绽放中认知"的学校课程理念,就是让学生在课程学习的过程中的经历和体验是愉悦、满足的,是积极主动、有创造性的。

三、学校课程模式:"方圆课程"

学校通过"方圆课程"的模式来表现"在快乐与激情的绽放中认知"的学校课程理念。何为"方圆课程",首先要从以下几个方面去认识方圆:

古人"天圆地方"对天地的看法是把由众多星体组成的茫茫宇宙称为"天",把立足其间赖以生存的田土称为"地",由于日月等天体都是在周而复始、永无休止地运动,好似一个闭合的圆周无始无

终,而大地却静悄悄地在那里承载着我们,恰如一个方形的物体静止稳定。

在几何意义上,"方"和"圆"都是最为普通的几何图形,"方"是所有直线和角的概括,"圆"是所有圆弧和曲线的概括,同时,圆又是"正无限多边形",当多边形的边数越多时,其形状、周长、面积都越接近于圆。

在文化意义上,古时的服装、首饰,还有外圆内方的铜钱,无不体现了前人对方圆相容的敬畏,可见在中华民族传统的审美观中,方圆本为一体。

在建筑意义上,方与圆的结合具有无穷的丰富性、相对性和多样性,这也是一种方圆的心态,方圆的文化的追求和希望。

在本义意义上,方具有静态、部分、规则、原则性等含义,圆具有动态、整体、圆满、灵活性等含义,方与圆相辅相成,方以不变应万变,圆以万变应万变,方圆相济才能和谐。

在校名意义上,方泰中学的"方"有一个本义是并行,"泰"有一个本义是在水上,也有动静并行之意。

在课程意义上,课程是学生、资源、教师的整合,是目标的确定、内容的选择、实施、评价的过程,是教师和学生共同探求新知识、共同建构学习经验的过程,是独特的、永远变化、发展着的活动形态。

综上所述,我们认为课程是方的也是圆的,是一个相容、圆通的整体,所以通过"方圆课程"来表现"在快乐与激情的绽放中认知"的课程理念中的并行、严正、灵动、发展之间的相互依存关系。

第二部分　学校课程目标

一、培养目标

"方圆课程"的课程理念是"在快乐与激情的绽放中认知",由此学校确立了课程培养目标：

——快乐学习：在自我意识发展基础上的乐学，在具有内在学习动机基础上的想学，在掌握一定学习策略基础上的会学，在自律自信基础上的善学。

——激情生活：兴趣广泛有愿望，积极主动有追求，乐观向上有责任，热情专注有创造。

图 3-1 培养目标框架图

二、课程目标

培养目标是通过课程目标去达成的，为了实现培养目标，我们把"快乐学习，激情生活"这两个培养目标进行细化，形成年级段课程目标，具体如下表：

表 3-1　课程目标框架表

年级段	培养目标		课程目标
	快乐学习	激情生活	
六年级	乐学	兴趣广泛有愿望	1. 热爱学习,能够积极参与教学各环节的活动;有求知欲,并能够借助翻阅资料解答疑问。 2. 保持与发展了解世界、喜欢尝试新的经验、乐于探究与发现周围事物奥妙的欲望。 3. 积极参与各类艺术、体育活动,通过广播操、舞蹈等多种形式感受到艺术给自己的生活带来的乐趣。 4. 增进对社会实践活动的了解和认识,自觉遵守社会行为规范。了解活动资料对活动开展的作用,知道获取活动资料的途径和方法。
七年级	想学	积极主动有追求	1. 积极思考,发现课程知识的多方面联系;善于欣赏,能流利地表达自己的想法。 2. 珍爱并善待周围环境中的自然事物,逐步形成人与自然和谐相处的意识。 3. 形成参与运动的爱好,形成积极、主动的生活态度。 4. 养成初步服务社会的意识和对社会负责的态度,主动积极参加实践活动,能够在教师的指导下获取和活动主题相关的资料,了解资料收集,并借助资料开展实践和探究活动,培养学生收集资料的能力。
八年级	会学	乐观向上有责任	1. 有刻苦钻研精神,能以打破沙锅问到底的态度对待学习;通过合作学习,与他人分享过程与成功的乐趣。 2. 科学不迷信权威,乐于参与和科学有关的社会问题的讨论和研究。 3. 保持参与各类兴趣活动的习惯,性格变得开朗大方,坚强自信;形成灵敏、力量、耐力、协调等身体素质,动作更协调;通过国家体质健康测试。 4. 增进对社会的了解,增强社会实践能力,逐步形成社会责任感和义务感,增长社会沟通能力。能够在教师的指导下设计活动方案,培养学生的独立设计主题活动方案的意识和能力。

年级段	培养目标		课程目标
	快乐学习	激情生活	
九年级	善学	热情专注 有创造	1. 主动学习，对自己有自信，能独立思考，能学会自我克服困难，善始善终，尊重他人意见，敢于提出不同见解，乐于合作与交流。 2. 能将所学知识举一反三，融会贯通；善于发现，有思辨能力，能形成自己独特的见解。 3. 能积极参加体育活动，保持参与运动的兴趣和坚持运动的习惯，保持愉快的心情，激发创造精神，形成基本的人文素养，陶冶高尚的审美情操，完善人格。 4. 形成社会责任感和义务感，具备一定的社会沟通能力，能设计社会实践活动方案，并有一定组织实施能力。

第三部分　学校课程体系

根据课程理念"在快乐和激情的绽放中认知"，我们把学校的总课程体系设计为"方圆课程"，它包含了学生、资源、教师三个层面的课程内涵，具体建构为方课程、圆课程的"方圆"结构。

一、"方圆课程"结构

"方圆课程"正中的方课程是基于国家课程的校本课程，分为人文类和科学类；圆课程是基于方泰地方资源和社会资源的校本课程，着力建设以人文、科技、艺术、实践教育为特色的课程结构体系。

二、"方圆课程"类型

（一）方课程

方课程是以资源融入带动国家课程的校本化实施。在原有的校

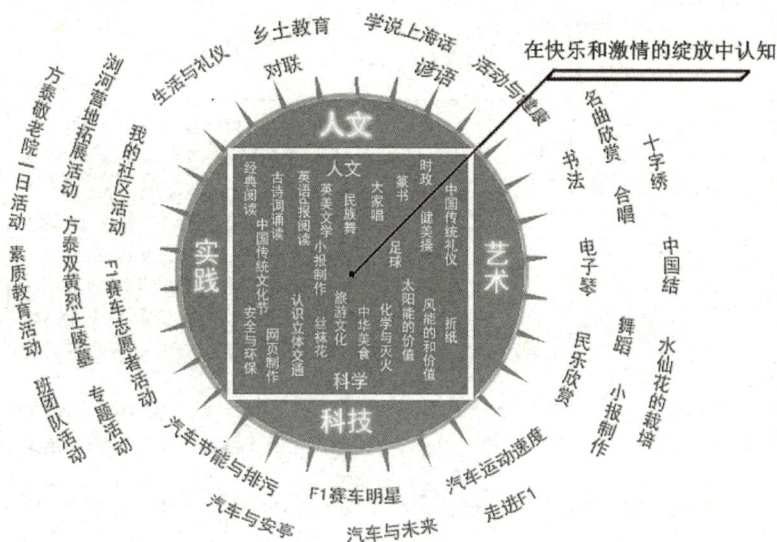

图 3 - 2 "方圆课程"结构图

本拓展课程基础上,方课程着力于挖掘国家课程的广度与深度,通过开发基础型课程"语数英"、"理化生"、"史地政"、"音体美"的某一方面的知识与技能,把不同的知识与校本拓展课程联结在一起的课程开发思路,使学科资源融入校本课程,在此基础上带动国家课程的校本化实施,如:专注于英语的听力表达开发出的校本课程《英美文学》,专注于语文的美文欣赏开发出的校本课程《经典阅读》,专注于培养学生的民族手艺的传承而开发出的校本课程《折纸》、《十字绣》等。设置方形课程的意义在于让学生打开国家课程学习的眼界,增长在某一学科专项上的兴趣和特长,从而使学生具备钻研的精神。

(二)圆课程

圆课程分别是以资源开发带动校本课程的建设,充分利用地方和社会值得开发的课程资源。如 F1 赛车场,将汽车城文化与国家课程相结合,促进国家课程的校本化实施。目前,我校已将 F1 赛车场作为资源结合点,开发出《汽车城文化课程》,将语文、数学、英语、思品、历史、生命科学、美术、信息科技、探究学科整合进《汽车城文化》校本课程。圆课程既能让学生的人文、科学、艺术、实践等方面的意识、态度和行为在课程教学中得到塑造和熏陶，又能让学生的课程学习更接地气，更贴近生活，更亲近自然，也能让学生更好地认识自己的家乡，增加对所生活的区域以及区域文化的认同感。

三、"方圆课程"设置

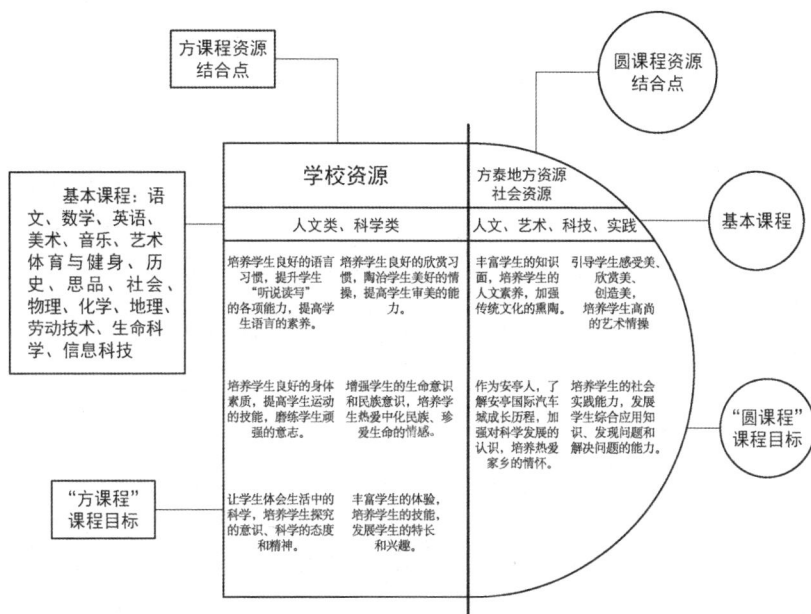

图 3-3　"方圆课程"设置框架图

表 3-2　"方圆课程"设置框架表（方课程）

课程架构	资源结合点	基本课程		特色课程	课程目标
方课程	学校资源	人文类	语文	《经典阅读》《美文朗读》《古诗词诵读》	培养学生良好的语言习惯，提升学生"听说读写"的各项能力，提高学生的语言素养。
			英语	《英美文学》《英语报阅读》	

活跃的课程图景

课程架构	资源结合点	基本课程	特色课程	课程目标
		美术	《黑版报美术》《小报制作》	培养学生良好的欣赏习惯,陶冶学生美好的情操,提高学生的审美能力。
		音乐	《大家唱》《名曲欣赏》	
		艺术	《篆书》《楷书》《民族舞》	
		体育与健身	《篮球》《足球》《羽毛球》《健美操》	培养学生良好的身体素质,提高学生运动的技能,磨炼学生顽强的意志。
		历史	《中国传统文化节》《中国传统礼仪》	增强学生的生命意识和民族意识,培养学生热爱中华民族、珍爱生命的情感。
		思品	《时政》《社会热点问题》	
		社会	《安全与环保》《生命与价值》	
		数学	《生活中的数学》《数字与游戏》	让学生体会生活中的科学,培养学生探究的意识、科学的态度和精神。
		物理	《风能的价值》《太阳能的价值》	
		化学	《化学与酸雨》《化学与灭火》	
	科学类	地理	《旅游文化》《中华美食》	
		劳动技术	《折纸》《中国结》《十字绣》《丝袜花》	丰富学生的体验,培养学生的技能,发展学生的特长和兴趣。
		生命科学	《水仙花的栽培》《安全与环保》	
		信息科技	《网页制作》《车模》《认识立体交通》	

表 3-3 "方圆课程"设置框架表(圆课程)

课程架构	资源结合点	基本课程	特色课程	课程目标
圆课程	方泰地方资源社会资源	人文	《生活与礼仪》	丰富学生的知识面,培养学生的人文素养,加强传统文化的熏陶。
			《乡土教育》	
			《学说上海话》	
			《谚语》	
			《对联》	
			《活动与健康》	
		艺术	《美工作坊》	引导学生感受美、欣赏美、创造美,培养学生高尚的艺术情操。
			《美术画廊》	
			《书法》	
			《电子琴》	
			《民乐欣赏》	
			《合唱》	
			《舞蹈》	
		科技	《汽车与安亭》	作为安亭人,了解安亭国际汽车城成长历程,加强对科学发展的认识,培养热爱家乡的情怀。
			《F1赛车明星》	
			《汽车与未来》	
			《汽车运动速度》	
			《汽车节能与排污》	
			《走进F1》	
		实践	《方泰001号古银杏树历史》	培养学生的社会实践能力,发展学生综合应用知识、发现问题和解决问题的能力。
			《方泰双黄烈士陵墓》	
			《F1赛车志愿者活动》	
			《方泰敬老院一日活动》	
			《我的社区活动》	
			"浏河营地拓展活动"	
			班团队活动	
			素质教育活动	
			专题活动	

根据"方圆课程"设置,将方课程、圆课程按照年级水平分别进行设置,构建了"方圆课程"年级课程设置具体框架图表(见图 3-4;表 3-4):

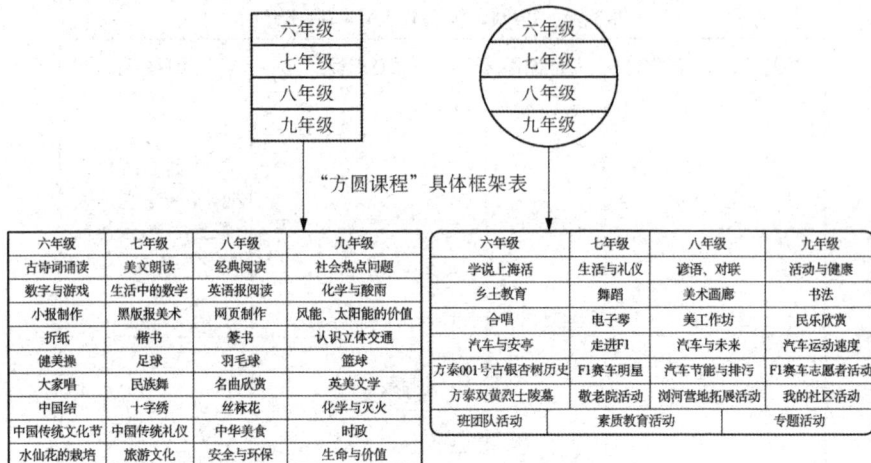

"方圆课程"具体框架表

六年级	七年级	八年级	九年级
古诗词诵读	美文朗读	经典阅读	社会热点问题
数字与游戏	生活中的数学	英语报阅读	化学与酸雨
小报制作	黑板报美术	网页制作	风能、太阳能的价值
折纸	楷书	篆书	认识立体交通
健美操	足球	羽毛球	篮球
大家唱	民族舞	名曲欣赏	英美文学
中国结	十字绣	丝袜花	化学与灭火
中国传统文化节	中国传统礼仪	中华美食	时政
水仙花的栽培	旅游文化	安全与环保	生命与价值

六年级	七年级	八年级	九年级
学说上海活	生活与礼仪	谚语、对联	活动与健康
乡土教育	舞蹈	美术画廊	书法
合唱	电子琴	美工作坊	民乐欣赏
汽车与安亭	走进F1	汽车与未来	汽车运动速度
方泰001号古银杏树历史	F1赛车明星	汽车节能与排污	F1赛车志愿者活动
方泰双黄烈士陵墓	敬老院活动	浏河营地拓展活动	我的社区活动
班团队活动	素质教育活动	专题活动	

图3-4 "方圆课程"年级课程设置框架图

表3-4 "方圆课程"年级课程设置框架表

课程＼年级	六年级	七年级	八年级	九年级
方课程	古诗词诵读	美文朗读	经典阅读	社会热点问题
	数字与游戏	生活中的数学	英语报阅读	化学与酸雨
	小报制作	黑板报美术	网页制作	风能、太阳能的价值
	折纸	楷书	篆书	认识立体交通
	健美操	足球	羽毛球	篮球
	大家唱	民族舞	名曲欣赏	英美文学
	中国结	十字绣	丝袜花	化学与灭火
	中国传统文化节	中国传统礼仪	中华美食	时政
	水仙花的栽培	旅游文化	安全与环保	生命与价值
圆课程	学说上海话 乡土教育	生活与礼仪	谚语、对联	活动与健康
	合唱	舞蹈 电子琴	美术画廊 美工作坊	书法 民乐欣赏
	汽车与安亭	走进F1 F1赛车明星	汽车与未来 汽车节能与排污	汽车运动速度
	方泰001号古银杏树历史 方泰双黄烈士陵墓	方泰敬老院一日活动 我的社区活动	浏河营地拓展活动	F1赛车志愿者活动

年级 课程	六年级	七年级	八年级	九年级
	班团队活动			
	素质教育活动			
	专题活动			

第四部分　学校课程实施

一、方课程的实施

以有效提升课堂教学质量为价值取向,以推进有效学习为突破口,以"整体思考、细节落实、有效提升"为着眼点,制订教学环节质量标准和学习环节质量标准,通过备课组组内的听课、评课活动,推进教师团队的行动学习,发掘实践智慧;通过深入推进信息技术与课堂教学整合,不断融合教与学的过程。

(一) 学科育人,凸显重点

在课堂教学中,围绕学校建构的特色课程结构,重视学科与特色课程的结合,努力从文科学科中发掘人文教育资源,渗透人文教育、道德教育、艺术教育的内容,如历史学科,可以拓展方泰乡土历史文化、双黄烈士历史等,生命科学中可拓展古银杏树与环境等;重视从理科学科发掘科学教育资源,通过通用科学方法的掌握,渗透最新科技成果,如身边的F1,强化科技教育的内容和方法,提升学生科技素养;通过优化课堂教学过程,强化探究性实验教学,鼓励学生进行创新实验,培育科学创新精神;通过信息技术与课堂教学的整合,将学科学习同技术技能训练融为一体;通过学科科学史的拓展等,强化学科教育同社会生活实际的联系,提升科学素养。

（二）课堂转型，寻求突破

结合具体学科特点选择适当的突破口，探索有效课堂教学模式和有效教学策略，按照计划、行动、反思、调整的过程展开行动研究。通过单元教学设计、系统思考与规划单元的教学，通过学时教学设计细化课程教学，通过信息整合分享优质教学资源，促进教学过程与学习过程的融合。

（三）开放学习，注重能力

课堂教学坚持以学生的"学"为主，注重学生学习能力和方法的培养；关注学生学习的体验性，倡导自主、合作、探究多样化的学习方式，营造民主、开放、互动、发展的教学环境，重视学生的科学实验、社会实践与体验。通过组织学生开展各种科学实践活动，如科普活动、野外考察、社会调查、课题研究等为学生提供参与科学实践、社会实践的机会；通过开放的学习资源，如图书馆、实验室、网络资源等，引导学生开展自主学习与探索，提升自我管理能力。

二、圆形课程的实施

围绕学校办学理念和学校教育特色，以提升学生科学素养和人文修养为价值取向，不断完善科学类、人文类、艺体类和实践类校本课程体系，丰富圆形课程的内涵，力求实现全员参与、自下而上、长短结合、重点突出的课程开发目标。

（一）因材施教，注重整合，形成特色

各学科组在优化方课程校本化实施方案的基础上，系统思考学科在整个学段实施的具体情况，充分调研、分析学情，修改、完善或编写适应我校学生发展的学科拓展课程，完善学科学习方法，发展学力、满足学生发展需求，有序、有益、有效实现学科课程的拓展。集体开发，并在实施中不断调整和优化；集中精力研发体现学校办学特色的主导

性课程,确定主题内容,专项开发,优先实施,将现有的圆课程进行梳理、整合,形成与学生个性、特长发展相融合的品牌课程,逐渐形成具有鲜明方中特色的课程体系。

(二)学生为主,自主合作,发展能力

通过建立分层次、分阶段的渐进式目标体系,进一步明确课程的发展方向,围绕现代城市公民应具备的基本素养和终身发展理念,开展课程的实践活动,了解研究方法,增强问题意识和解决问题的能力,培育首创精神,努力提升学生的科学素养、人文修养。

根据组织形式可让学生体验:个人独立探究、多人合作探究、集体合作探究。个人独立探究采用"开放式长作业"形式,即先由教师向全班学生布置探究性学习任务,每个学生确定题目,并各自相对独立地开展探究活动。多人合作探究由3名以上学生组成课题组,聘请有相关知识积累的成人(如本校教师、校外人士等)为指导教师。采用集体合作的形式,全体同学需要围绕同一个探究主题,各自搜集资料、开展探究活动、取得结论或形成观点,形成自己的成果。

(三)走出课堂,融入资源,实践求真

引导学生践行社会主义核心价值,坚持理论联系实际,注重课内课外、校内校外相结合;坚持以体验教育为基本途径,充分挖掘周边社会资源,拓宽学生学习渠道,丰富学生学习经历,培养创新精神和实践能力,从而增强学生社会责任感。

三、活动基本原则

(一)计划和自主相结合

确保学生社会实践活动的时间。从活动时间的安排来看,我们把绝大部分活动项目纳入学校课程计划,确保活动的有序开展,并且使学生在校活动时间得到有效保证。部分活动则以放学后时间、双休日、节假日以及寒暑假时间来完成。

（二）统一和分散相结合

从活动形式的组织来说，采用全校统一和年级、班级、个体分散两种。比如区学联组织的社会实践活动以及高雅艺术的欣赏等活动，我们安排统一时间组织学生集中参与；对于雏鹰假日小队活动以班级为单位开展。

（三）校内和校外相结合

从活动组织的责任人来看，有校内的政教处、教导处、科技组、年级组长、班主任和学科老师，政教处和教导处组织的活动，都要有制定相应的活动方案。此外，社会实践活动还应得到社区以及家长的支持。

"新耕读"课程：
每一个生命因耕读而成长

第一部分　课程愿景构建

　　教育是一个慢活、细活，是生命的潜移默化的过程，所谓润物细无声，教育的变化是极其缓慢、细微的，它需要生命的沉潜，需要深耕细作式的关注与规范。教育给予学生最重要的东西，不仅仅是知识，而且是对知识的热情、对自我成长的信心、对生命的珍视，以及更乐观、更自信的生活态度。

一、课程愿景

　　学校推崇"新耕读教育"课程理念。核心课程理念：勤耕、尚读。我们秉持"生命因耕读而成长"的核心价值观。

　　在"新耕读"课程中，有"读"之"耕"，让学生强健体魄、历练意志，掌握基本生活技能；有"耕"之"读"，让学生明心见性，增长智慧，品行成长，能担当未来生活的责任。

　　"新耕读"课程的意蕴是"耕"与"读"在行动和精神上的高度结合，意味着从"基本生活技能"到"生活品质提升"的一种"行和知"的统一。

　　"新耕读"课程主张"生活的环境塑造活的孩子"，让学生的学习经历和学习过程,植根农村本土的基本生存技能的历练、拓展新外延的社会实践的体验以及"学以致用"服务地区的经历;是一种以本土情怀、现代视野为基础的弘扬优秀传统文化精神;是生活化的"课程体系、课程策略、课程资源"为一体的新教育实践。

二、文化意蕴

我们的校本课程努力阐释"新耕读教育"的优秀传统文化,是将知与行,理论和实践完美结合的课程文化,强调在做中学和学中做,从生活实践中获取知识,同时又将知识应用于生活的一种学习状态和模式。

在校本课程实施中,教会学生播种希望与执着,收获快乐与成功。教会学生亲自体会生命的顽强与脆弱,亲身体验劳动的艰辛与学习的乐趣,亲自体会守护生命的艰辛,感悟生命成长的真谛,从而更加尊重和珍爱生命,使新耕读课程建设成为取之不竭的课程教学资源库。

第二部分　课程结构设计

一、设计意蕴

"新耕读"课程主张学生就是学"生"。以"新耕读教育"课程愿景引领,以"生活化培育"方式,让学生体验生活、感悟生活,从而让"生命因耕读而成长"。

勤耕篇:学"生活常识"(Learn to Learn)类:学科基础型课程及学科拓展型课程;学"生存技能"(Learn to Do)类:快乐活动日社团拓展型课程、乡村少年宫拓展型课程、"百味馆、百粮馆、百草园、百色坊、百弦社、百玩角、百思苑"七百拓展型及探究型课程。

尚读篇：学"生命价值"（Learn to Be）类：慧雅书童阅读马拉松拓展型课程、德育活动课程（含主题教育活动课程、校园十二季活动课程、社区志愿者课程）。

二、结构图谱

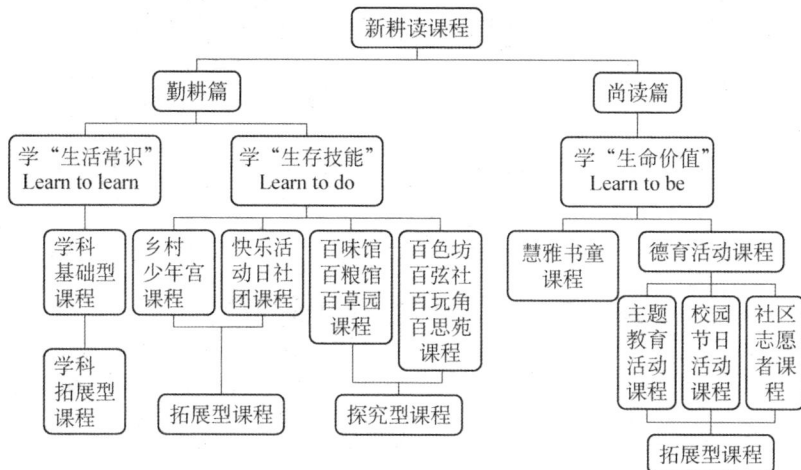

图3-5　新耕读课程结构图

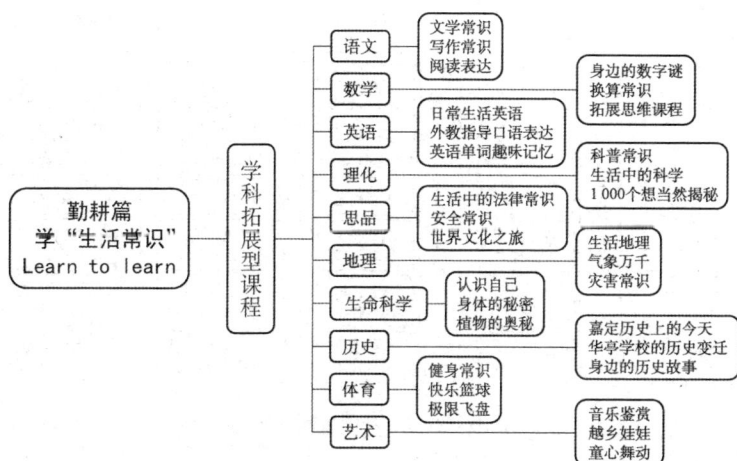

图3-6　学科拓展型课程结构图

色香味全百味馆社团 — 培养实践能力和创新精神 / 提高自理和自立能力 / 增强合作和生活意识

雅韵传承经典诵读社团 — 感受红色经典魅力 / 学做有道德的人 / 朴素爱国主义情感

三原色美术工艺社团 — 提高动手创新能力 / 培养健康的审美情趣

拓展型课程 — 乡村少年宫课程 — 运笔墨香书法社团 — 理解传统文化精髓 / 提高自身审美修养

步步为营象棋社团 — 提高逻辑思维能力 / 培养定力和专心的习惯 / 提高抗挫能力和坚定毅力

炫舞活力健美操社团 — 塑造形体美、动作美和姿态美 / 增强协调性、灵敏性、柔软性

百灵鸟合唱社团 — 提高艺术素养 / 增强自信与优雅

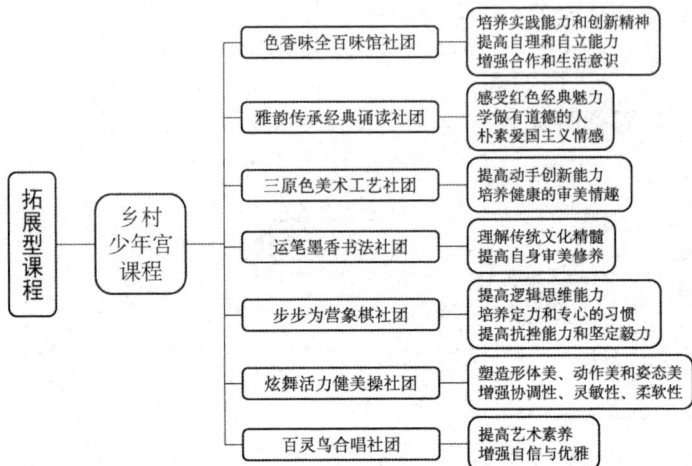

图 3 - 7　乡村少年宫拓展型课程结构图

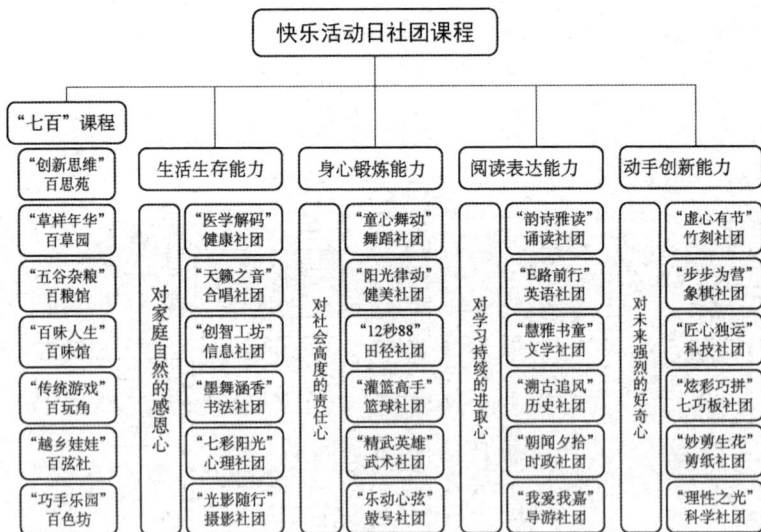

快乐活动日社团课程

"七百"课程：
"创新思维"百思苑
"草样年华"百草园
"五谷杂粮"百粮馆
"百味人生"百味馆
"传统游戏"百玩角
"越乡娃娃"百弦社
"巧手乐园"百色坊

生活生存能力（对家庭自然的感恩心）：
"医学解码"健康社团
"天籁之音"合唱社团
"创智工坊"信息社团
"墨舞涵香"书法社团
"七彩阳光"心理社团
"光影随行"摄影社团

身心锻炼能力（对社会高度的责任心）：
"童心舞动"舞蹈社团
"阳光律动"健美社团
"12秒88"田径社团
"灌篮高手"篮球社团
"精武英雄"武术社团
"乐动心弦"鼓号社团

阅读表达能力（对学习持续的进取心）：
"韵诗雅读"诵读社团
"E路前行"英语社团
"慧雅书童"文学社团
"瀚古追风"历史社团
"朝闻夕拾"时政社团
"我爱我嘉"导游社团

动手创新能力（对未来强烈的好奇心）：
"虚心有节"竹刻社团
"步步为营"象棋社团
"匠心独运"科技社团
"炫彩巧拼"七巧板社团
"妙剪生花"剪纸社团
"理性之光"科学社团

图 3 - 8　快乐活动日社团拓展型课程结构图

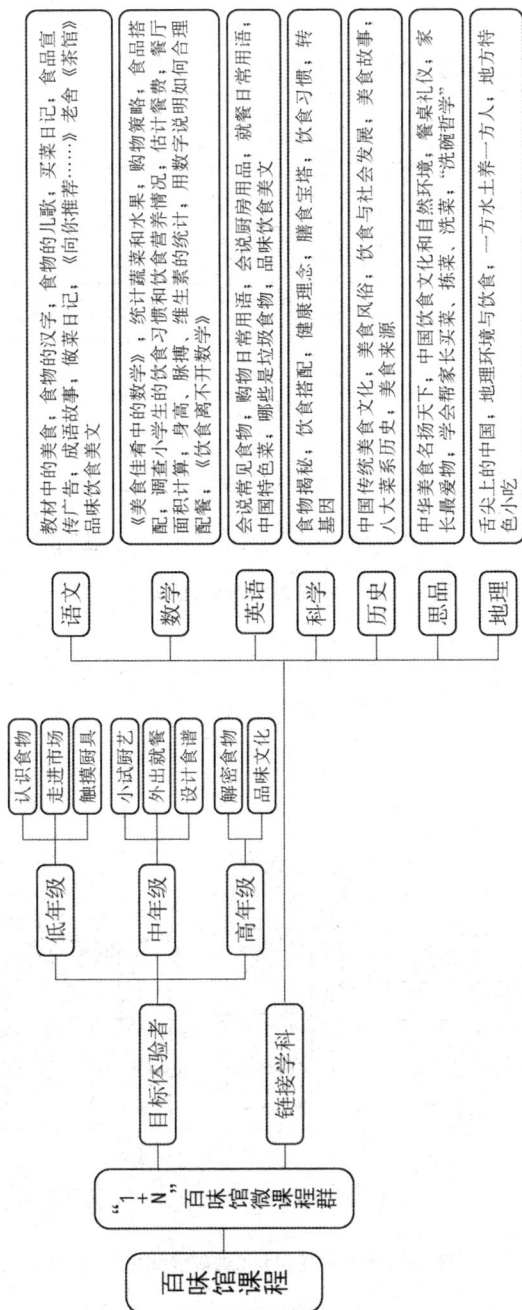

图 3 - 9　百味馆探究型课程结构图

语文： 教材中的美食；食物的儿歌；食物的汉字；买菜日记；食品宣传广告；成语故事；做菜日记；《向你推荐……》《老舍〈茶馆〉》品味饮食美文

数学：《美食佳肴中的数学》；统计蔬菜和水果；购物策略；食品搭配；调查小学生的饮食习惯和饮食营养情况；估计餐费；餐厅面积计算；身高、脉搏，维生素的统计；用数字说明如何合理配餐；《饮食离不开数学》

英语： 会说常见食物；购物日常用语；会说饮食美文；中国特色菜；哪些是垃圾食物；膳食宝塔；饮食习惯；转基因

科学： 食物揭秘；饮食搭配；健康理念；饮食与社会发展

历史： 中国传统美食文化；美食来源

思品： 中华美食名扬天下；中国饮食文化和自然环境，洗菜、择菜；餐桌礼仪；"洗碗哲学"；家长最爱物，学会帮家长买菜；美食故事

地理： 舌尖上的中国；地理环境与饮食——方水土养一方人，地方特色小吃

低年级： 认识食物；走进市场；触摸厨具

中年级： 小试厨艺；外出就餐；设计食谱

高年级： 解密食物；品味食文化

目标体验者　**链接学科**

"1+N"百味馆微课程群

百味馆课程

百粮馆课程内容

目标体验者
- 一二年级
  - 五谷分辨
  - 种子识别
- 三四年级
  - 收割麦草
  - 种子贴画
  - 观察日记
- 五年级
  - 设计图形
  - 撰写报告

链接学科
- 语文　课本中关于种子、谷物和粮食的课文解说。
- 数学　种子种植面积与数量的计算和运用，粮食收获的运用与计算。
- 英语　常见种子的英文运用。
- 科学　种子保存，粮食生长，小麦草探究等常识。
- 历史　种子的起源和发展。
- 品社　节约粮食，珍惜每一粒种子。
- 地理　环境对于种子保存与粮食生长的重要性。

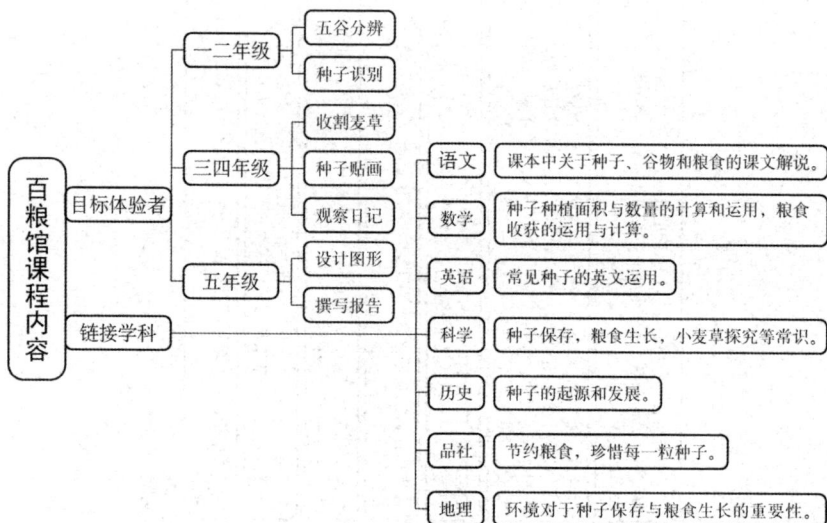

图 3 - 10　百粮馆探究型课程结构图

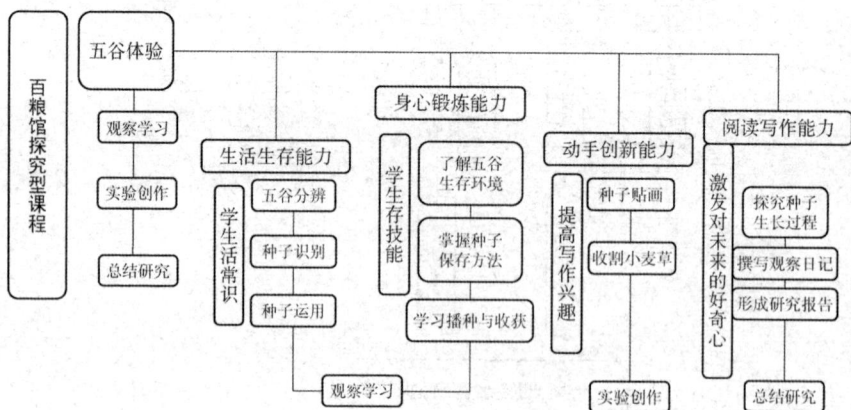

百粮馆探究型课程

五谷体验

观察学习
实验创作
总结研究

生活生存能力
- 学生生活常识
  - 五谷分辨
  - 种子识别
  - 种子运用
- 观察学习

身心锻炼能力
- 学生生存技能
  - 了解五谷生存环境
  - 掌握种子保存方法
  - 学习播种与收获

动手创新能力
- 提高写作兴趣
  - 种子贴画
  - 收割小麦草
  - 实验创作

阅读写作能力
- 激发对未来的好奇心
  - 探究种子生长过程
  - 撰写观察日记
  - 形成研究报告
  - 总结研究

图 3 - 11　百粮馆探究型课程结构图

教材中的大自然景物；植物的名称；植物的种类；植物的特性；感悟大自然植物精神，例如一二年级课文《石榴》，《草》，《午时花》，《荷花》等

会说常见植物；百草园里植物的日常用语；基本说出植物的种类、特性

植物探究；植物培育；植物种子的由来；植物实验，历史上

了解中国本草纲目；掌握植物的药性；中草药的来历；有哪些成功案例

爱护自然环境；自然环境与人类的关系；从哪些方面安善处理人与自然地关系

了解植物的分布区域，地理环境与植物生长关系

| 语文 |
| 英语 |
| 科学 |
| 历史 |
| 思品 |
| 地理 |

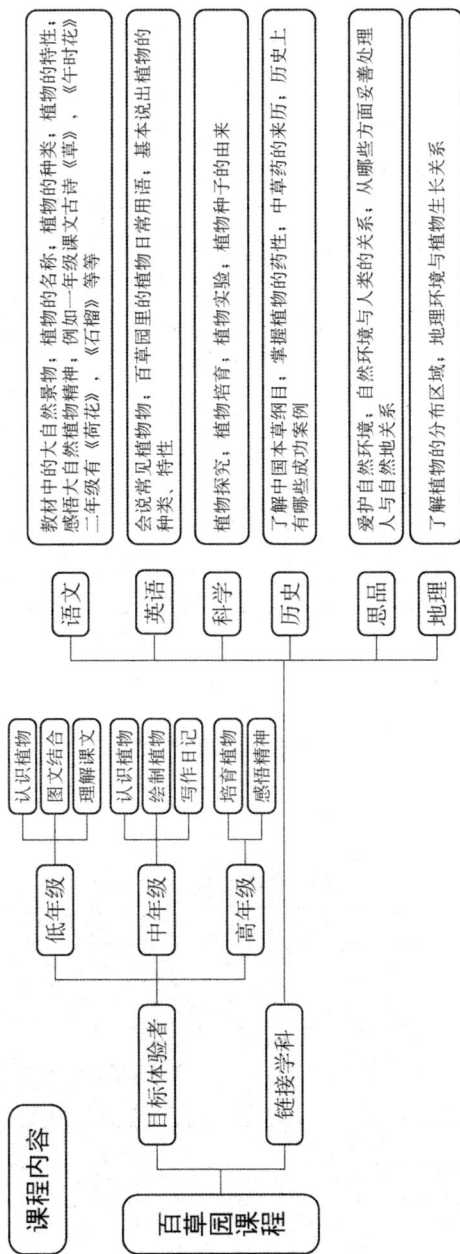

图 3 - 12 百草园探究型课程结构图

认识植物
图文结合
理解课文

认识植物
绘制植物
写作日记

培育植物
感悟精神

低年级

中年级

高年级

目标体验者

链接学科

课程内容

百草园课程

图 3 - 13　"百思苑"数学创新思维课程结构图

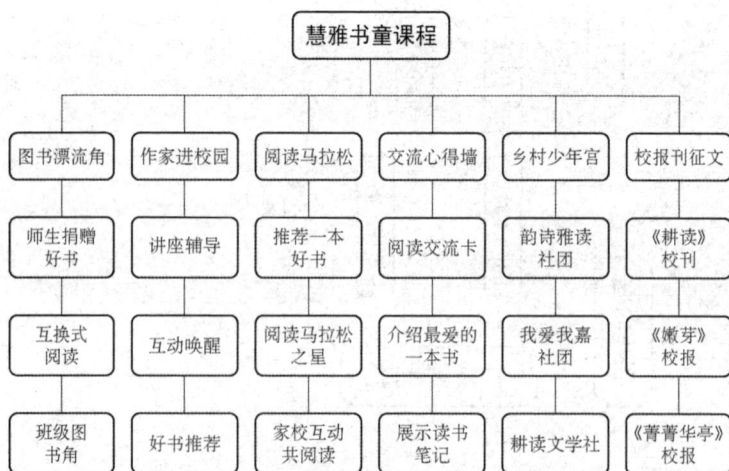

图 3 - 14　慧雅书童拓展型课程结构图

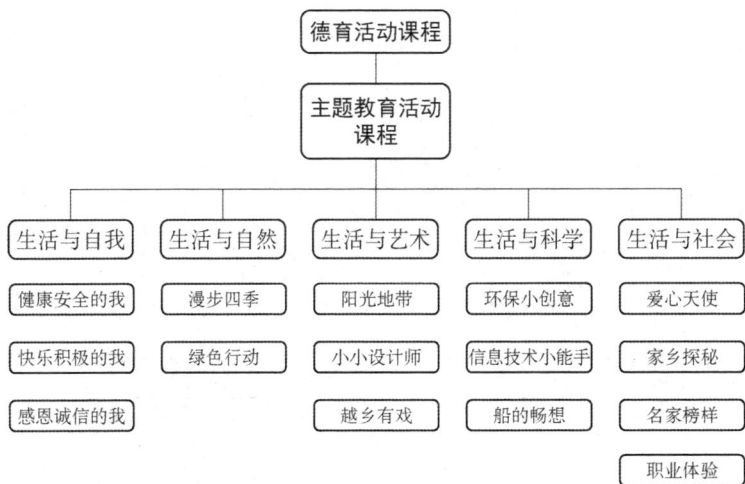

图 3-15　德育主题教育活动拓展型课程结构图

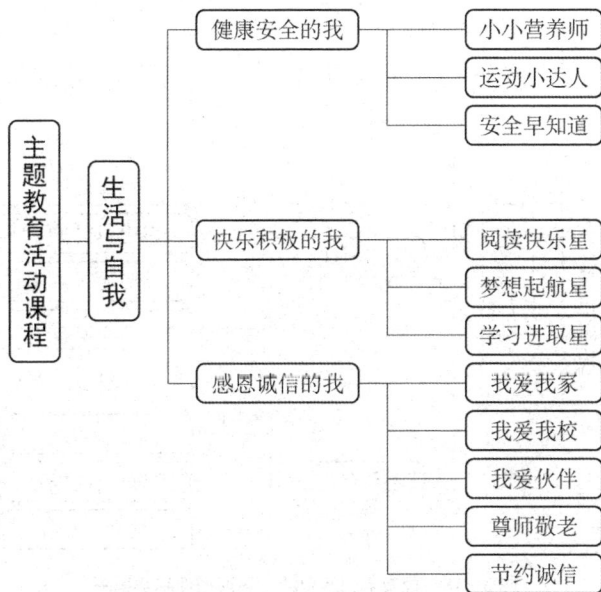

图 3-16　德育主题教育活动拓展型课程结构图

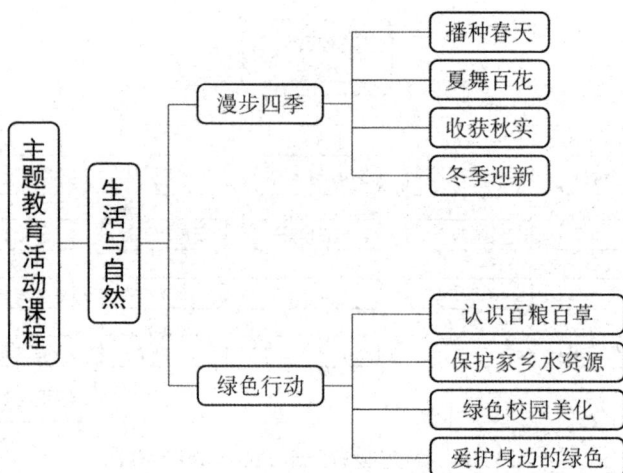

图 3 - 17　德育主题教育活动拓展型课程结构图

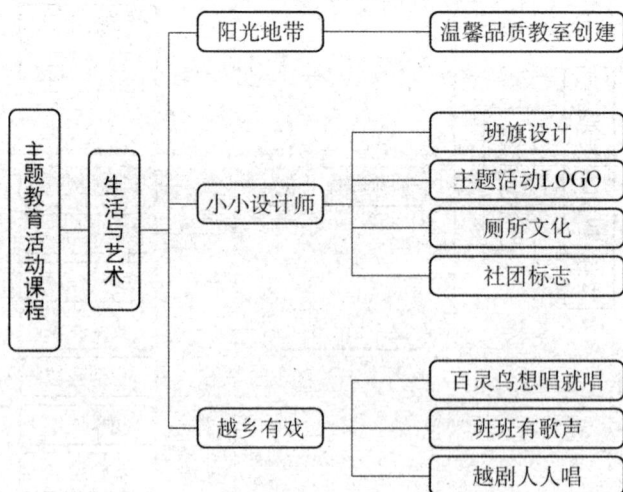

图 3 - 18　德育主题教育活动拓展型课程结构图

```
                        ┌─ 环保材料知多少
        ┌─ 环保小创意 ─┤
        │              └─ 环保创意作品
        │
主题    生  │              ┌─ 电脑小报制作
教育    活  │              │
活动    与  ├─ 信息技术小能手 ┼─ 简易PPT
课程    科  │              │
        学  │              └─ 检索信息
        │
        │              ┌─ 认识船模种类
        │              │
        └─ 船的畅想 ───┼─ 我的小设计
                       │
                       └─ 郑和下西洋船模基地
```

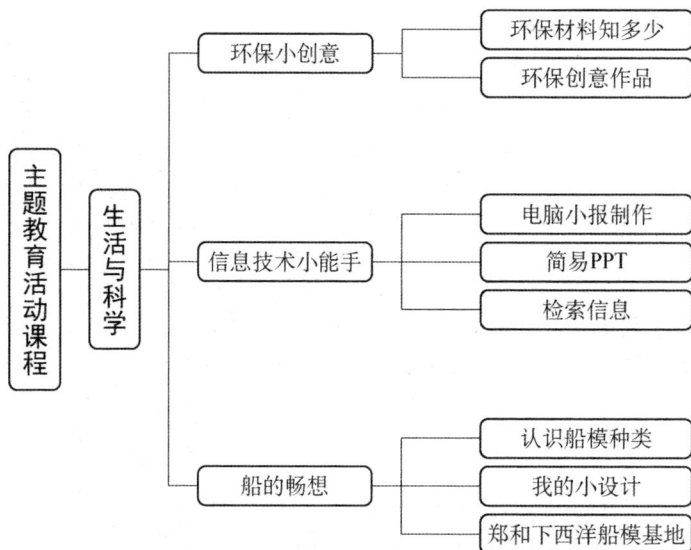

图 3－19　德育主题教育活动拓展型课程结构图

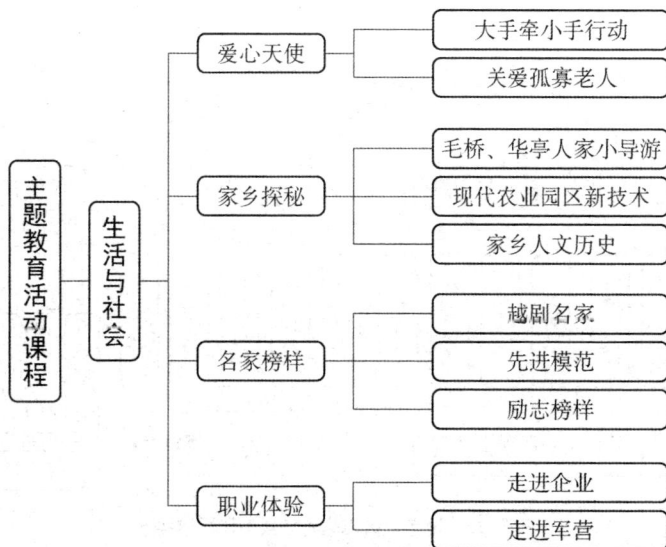

```
                       ┌─ 大手牵小手行动
        ┌─ 爱心天使 ──┤
        │             └─ 关爱孤寡老人
        │
        │             ┌─ 毛桥、华亭人家小导游
        │             │
        ├─ 家乡探秘 ──┼─ 现代农业园区新技术
主题    生 │             │
教育    活 │             └─ 家乡人文历史
活动    与 │
课程    社 │             ┌─ 越剧名家
        会 │             │
        ├─ 名家榜样 ──┼─ 先进模范
        │             │
        │             └─ 励志榜样
        │
        │             ┌─ 走进企业
        └─ 职业体验 ──┤
                      └─ 走进军营
```

图 3－20　德育主题教育活动拓展型课程结构图

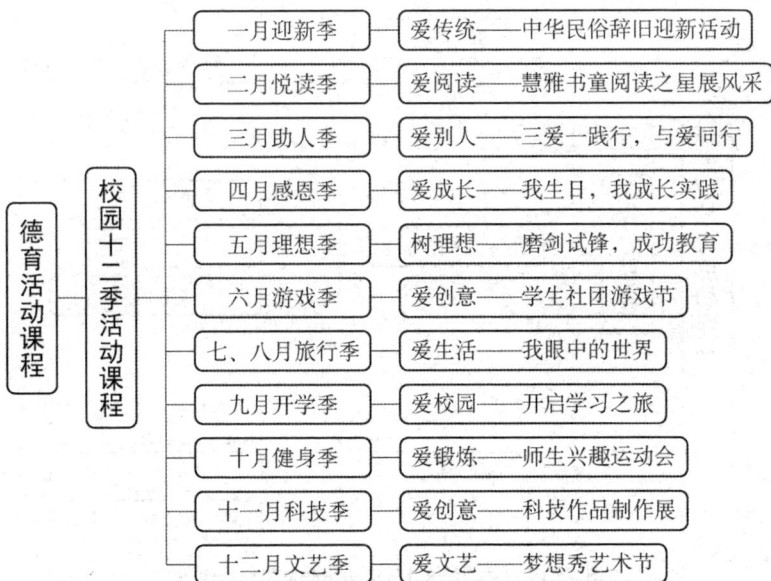

图 3－21　德育校园十二季活动拓展型课程结构图

一月迎新季　　　　爱传统——中华民俗辞旧迎新活动

二月悦读季　　　　爱阅读——慧雅书童阅读之星展风采

三月助人季　　　　爱别人——三爱一践行，与爱同行

四月感恩季　　　　爱成长——我生日，我成长实践

五月理想季　　　　树理想——磨剑试锋，成功教育

六月游戏季　　　　爱创意——学生社团游戏节

七、八月旅行季　　爱生活——我眼中的世界

九月开学季　　　　爱校园——开启学习之旅

十月健身季　　　　爱锻炼——师生兴趣运动会

十一月科技季　　　爱创意——科技作品制作展

十二月文艺季　　　爱文艺——梦想秀艺术节

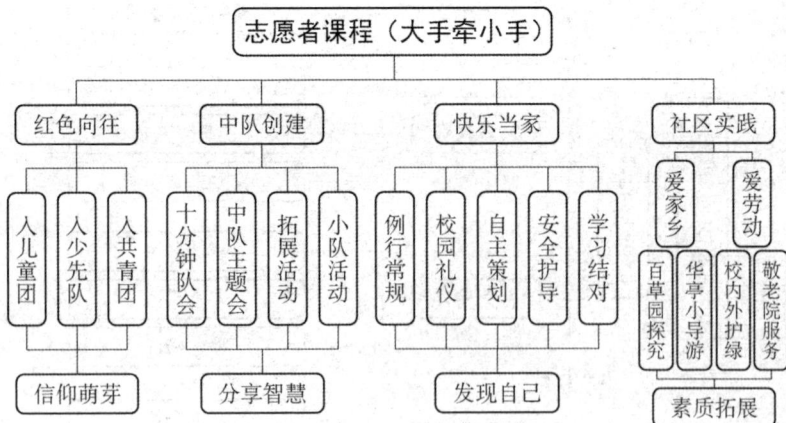

图 3－22　德育社区志愿者拓展型课程结构图

第三部分 课程内容设置

一、基础型课程内容

（一）周课时安排

小学 表 3－5

课程、科目	周课时 年级	一	二	三	四	五
基础型课程	语文	9	9	6	6	6
	数学	3	4	4	5	5
	外语	2	2	4	5	5
	自然	2	2	2	2	2
	品德与社会	2	2	2	3	3
	唱游/音乐	2	2	2	2	2
	美术	2	2	2	1	1
	体育与健身	3	3	3	3	3
	信息科技			2		
	劳动技术				1	1
	周课时数	25	26	27	28	28
拓展型课程	拓展活动（包括体育活动）	5	4	4	4	4
	专题教育或班团队活动	1	1	1	1	1
	社区服务、社会实践志愿者活动	每学年 1 至 2 周		每学年 2 周		
	周课时数	6	5	5	5	5
探究型课程		1	1	1	1	1
午会		每天 15 分钟				
广播操、眼保健操		每天约 35 分钟				
周课时总量		32	32	33	34	34

中学   表3-6

课程	科目\年级\周课时	六	七	八	九
基础型课程	语　文	4	4	4	4
	数　学	4	4	4	5
	外　语	4	4	4	4
	思想品德	1	1	2	2
	科　学	2	3		
	物　理			2	2
	化　学				2
	生命科学			2	1
	地　理	2	2		
	历　史		2	2	
	社　会				2
	音　乐	1	1		
	美　术	1	1		
	艺　术			2	2
	体育与健身	3	3	3	3
	劳动技术	2	1	2	
	信息科技	2			
	周课时数	26	26	27	27
拓展型课程	学科类、活动类（包括体育活动、大课间活动）	5	5	4	4
	专题教育或班团队活动	1	1	1	1
	社区服务社会实践	每学年2周			
	周课时数	6	6	5	5
探究型课程		2	2	2	2
午会		每天15—20分钟			
广播操、眼保健操		每天约40分钟			
周课时总量		34	34	34	34

备注：（1）多媒体材料另见2014学年学校课程资源库（含课程标准、教案、课件、练习）。
　　　（2）各年级专题教育总课时安排（见下表）。

表 3－7

年级	内容及课时安排
一	健康教育 6 课时、环境教育 2 课时、公共安全教育 4 课时、安全教育 2 课时
二 三	民防教育(包括交通安全常识、防火常识、紧急呼救常识等内容)4 课时、健康教育(包括心理健康教育)6 课时、环境教育 2 课时和廉洁教育内容 2 课时
四	民防教育(包括意外伤害的预防等内容)2 课时、民族团结教育 2 课时、健康教育(包括青春期教育、心理健康教育、传染病预防常识等内容)6 课时、环境教育 2 课时和廉洁教育 2 课时
五	国防教育 2 课时、法制教育 2 课时、廉洁教育 2 课时、健康教育(包括青春期教育、毒品预防教育和心理健康教育)6 课时和环境教育 2 课时
六	交通安全教育 2 课时、健康教育(包括青春期教育、预防艾滋病教育、毒品预防教育等)8 课时、环境教育 2 课时和廉洁教育 2 课时
七	民族团结教育 3 课时、健康教育(包括心理健康教育等)8、环境教育 2 和廉洁教育 2 课时
八	民防知识教育 1 课时、民族团结教育 3、法制教育 1、环境教育 1、健康教育 8 课时和廉洁教育 1 课时
九	人口教育 2 课时、环境教育 2 课时、健康教育(包括心理健康辅导等)8 课时和廉洁教育 2 课时

◆ 一至五年级每学期健康教育的课时不少于 6 课时
◆ 七、八年级民族团结教育每学年安排 5～6 课时，每学期 3 课时
◆ 各年级健康教育每周安排 0.5 课时，每学期 8 课时
◆ 各年级环境教育按平均每学年 4 课时安排，每学期 2 课时
◆ 各年级专题教育活动总课时在 14 课时左右

(二) 作息时间表

温暖季作息时间表

表 3－8

上午	大课间活动	8：00～8：20
	第一节	8：25～9：05
	第二节	9：15～9：55
	眼保健操	9：55～10：00
	第三节	10：10～10：50
	第四节	11：00～11：40
中午	午餐、午休	11：40～12：40
	午会	12：40～12：55
下午	第五节	13：05～13：45
	眼保健操	13：45～13：50

	第六节	14：00～14：40
	第七节	14：50～15：30
	第八节	15：40～16：20

寒冷季作息时间表

表 3 - 9

	第一节	8：00～8：40
上午	第二节	8：50～9：30
	眼保健操	9：30～9：35
	课间操 课间跑	9：35～10：00
	第三节	10：10～10：50
	第四节	11：00～11：40
	午餐午休	11：40～12：40
	午会	12：40～12：55
下午	第五节	13：05～13：45
	眼保健操	13：45～13：50
	第六节	14：00～14：40
	第七节	14：50～15：30
	第八节	15：40～16：20

(三)教师周课时数

根据沪教委人(95)第 40 号文件精神及本学期学校总课时数,教师周课时数确定如下:

表 3 - 10

	语、数、外	音、体、美	其他学科
初中	12 节	16 节	14 节
小学	14 节	18 节	16 节

二、拓展型课程内容

(一)勤耕篇:"学生活常识"之学科素养拓展课程

语文:文学常识、写作常识等

数学：身边的数字谜、换算常识等

英语：日常生活英语900句

理化：科普常识、生活中的科学、1000个想当然揭秘等

思品：生活中的法律常识、安全常识等

地理：生活地理、气象万千、灾害常识等

生命科学：认识自己、身体的秘密等

历史：嘉定历史上的今天、华亭学校的历史变迁等

体育：运动健身常识、篮球、飞盘玩法等

音乐：学会音乐鉴赏、学会越剧鉴赏

（二）"学生存技能"之快乐活动日及乡村少年宫社团课程

表3-11

社团名称	开设年级	社团名称	开设年级
"医学解码"健康社团	六至八年级	"墨舞涵香"书法社团	一至八年级
"理性之光"科学社团	六至八年级	"E路前行"英语社团	四、五年级
"越乡娃娃"越剧社团	一至五年级	"我爱我嘉"导游社团	四至八年级
"童心舞动"舞蹈社团	二至五年级	"慧雅书童"文学社团	六至八年级
"乐动心弦"鼓号社团	三至五年级	"匠心独运"科技社团	六至八年级
"天籁之音"合唱社团	六至八年级	"虚心有节"竹刻社团	六至八年级
"阳光律动"健美社团	一至五年级	"百味人生"厨艺社团	六至八年级
"12秒88"田径社团	一至八年级	"草样年华"百草社团	四至八年级
"灌篮高手"篮球社团	六至八年级	"五谷杂粮"百粮社团	四至八年级
"炫彩巧拼"七巧板社团	一至五年级	"创智工坊"信息社团	六至八年级
"光影随行"摄影社团	三至五年级	"韵诗雅读"诵读社团	一至五年级
"步步为营"象棋社团	一至七年级	"七彩阳光"心理社团	四年级
"巧手乐园"黏土社团	三至八年级	"溯古追风"历史社团	六至八年级
"妙剪生花"剪纸社团	四、五年级	"朝闻夕拾"时政社团	六至八年级

（三）尚读篇："学生生命价值"之德育主题教育活动课程

表 3 - 12

体验版块	单元	活动主题	课程载体
生活与自我	健康安全的我	我是小小营养师 我是运动小达人 遇到危险怎么办 安全第一 健康第一 我的第一次	假期我掌勺活动 每天锻炼一小时大课间活动 安全专题教育活动 紧急疏散演练活动 四季卫生健康教育活动 五年级浏河营地 36 小时体验活动
	愉快积极的我	我是(中)小学生啦 学习真快乐 我爱阅读 放飞梦想活动 十四岁生日 同唱一首毕业歌	励行三字经行为规范教育活动 自主学习专题教育活动 慧雅书童计划活动 文学社团、菁菁华亭学报 图书漂流角、教室绿色图书氧吧 梦想秀艺术节活动 八年级主题教育活动 九年级毕业主题活动
	会感恩的我	我爱我家 校园的守护天使 我们手拉手 老师您辛苦了 午餐礼仪、节约粮食 珍惜他人劳动成果 学会赞美和感恩	感恩父母专题教育 今天我为学校做了什么主题活动 六一爱心义卖行动 爱生节活动 光盘行动 写给学校后勤师傅的信活动 感恩卡赞美卡寻人启事活动
生活与社会	我是爱心小天使	关心弱势群体	敬老院志愿者活动
	我是小小推销员	家乡的水果真甜	现代农业水果园探秘活动
	我是嘉定人	我爱嘉定	嘉定的传统节日探秘活动
	我爱华亭	我爱华亭	生态毛桥村、华亭人家小导游活动

体验版块	单元	活动主题	课程载体
	走近名人	成功教育	访问越剧名家赵志刚活动
	走进军营	爱国主义教育	炮兵营参观活动
	走进名企	励志教育	参观活动、励志讲坛活动
生活与自然	走进大自然 绿色行动	我和四季有个约会 认识百草百粮 保护家乡的水 美化绿色校园	素质教育活动、漫步家乡活动 现代农业园区探秘活动 嘉定净水厂探秘活动 班花班草种植活动
生活与艺术	校园阳光地带 我有一双巧手 我是百灵鸟	我爱温馨教室 我是小小设计师 想唱就唱	温馨教室美化主题活动 学校艺术节 LOGO、学校信函、环保材料艺术品、室牌征集、厕所文化、温馨提示语、班旗等设计征集活动 班班有歌声活动 唱响梦想卡拉 OK 活动
生活与科学	我爱科学探究	环保家园设计 信息技术小能手 我和未来的船	环保创意作品征集活动 电脑技术作品征集活动 郑和下西洋船模基地参观活动

（四）尚读篇:"学生命价值"之德育校园十二季活动课程

表 3－13

时间	季活动	教育主题	内容	参加对象
1月	迎新季	健康教育 自信教育	期末考前心理辅导	全体学生
		季庆文化教育 (春季)	了解中华民俗 辞旧迎新主题活动	全体学生
		安全教育 法制教育	寒假安全教育 反邪教教育	全体学生
2月	悦读季	热爱阅读教育	慧雅书童计划	全体学生
		健康教育	青春期教育、健身教育	全体学生
3月	助人季	主题教育	学习雷锋好榜样	全体学生
		环境教育	绿色行动	全体学生

时间	季活动	教育主题	内容	参加对象
		感恩教育	"学会感恩，与爱同行"感恩月	全体学生
		健康教育	预防艾滋病教育	全体学生
4月	感恩季	爱国教育	缅怀先烈	全体学生
		感恩教育	"十四岁生日"活动	八年级学生
		感恩教育	"学会感恩，与爱同行"感恩月	全体学生
		健康教育	"我运动我快乐"师生同乐趣味运动会	全体师生
5月	理想季	文明教育	做文明、热情的小主人	全体学生
		理想教育	"放飞梦想，走成功门"离队仪式	九年级家长、学生
		健康教育	增强中考应对心理能力	五、九年级学生
6月	游戏季	科技教育	创新低碳科技季	六、七、八年级学生
		创新教育	学生社团季	六、七、八年级学生
		环境教育	保护野生动物	六、七年级学生
		安全教育	防震减灾知识教育	全体学生
7月	旅行季	安全教育	暑假安全教育	全体学生
		理想教育	"展开飞翔的翅膀"毕业典礼	九年级学生
		生活教育	乡村少年宫项目活动	各年级学生
8月		行规教育	入学教育、军训活动	六年级学生
		爱生活教育	阳光夏令营活动	六年级学生
9月	开学季	我爱学习教育	开学典礼	全体学生
		两纲教育	"培育和弘扬民族精神"活动月	全体学生
		季庆文化教育（中秋季、敬老季）	了解中华民俗教育活动　敬老院志愿者行动	全体学生

时间	季活动	教育主题	内容	参加对象
		行规教育	"爱护公物，我在行动"活动	全体学生
		法制教育	交通安全教育活动	全体学生
		主题教育	创建温馨教室活动	六、七、八年级学生
10月	健身季	禁毒教育	禁毒、防艾活动宣传月	全体学生
		勤俭教育	勤俭季约教育活动	全体学生
		健康教育	心理健康教育活动	全体学生
		民防教育	民防知识竞赛	全校师生
		爱国教育	"红领巾与共和国"主题活动国庆庆祝活动	全体师生
		健康教育	我是"运动小达人"运动会	全体学生
		社会实践活动	外出参观学习活动	全校师生
		自主教育	浏河营地体验活动	五年级学生
11月	科技季	创新教育	模型制作、玩转魔方等科技季活动	全体学生
		女生教育	"自尊、自爱"教育活动	七、八年级女生
		安全教育	防灾教育活动	全体师生
		影视文化教育	"电影阳光行"活动	六、七、八年级学生
12月	文艺季	梦想秀校园艺术季	学生卡拉ok、才艺展演、乐器比赛、班歌比赛、舞蹈达人比赛、小小设计师评比、环保秀、推荐我最喜欢的一本课外书等艺术活动	全体学生

时间	季活动	教育主题	内容	参加对象
		英语季	英语课本剧、小品展演等活动	七、八年级学生
		法制教育	预防毒品教育活动	全体学生
		季庆文化教育（元旦）	了解中华民俗	六、七、八年级学生
1月～12月		耕读文化教育 安全文明教育 行为规范教育 我爱阅读教育	慧雅书童计划、高雅艺术欣赏等活动	全体学生

三、探究型课程内容

（一）"慧雅书童"项目课程

"慧雅书童"项目课程规划书

一、指导思想

全面落实上海市中小学课程标准要求,强化对低年级学生自由自主阅读的指导,帮助学生在童年时代养成良好的阅读习惯,初步形成较强的阅读能力和思维能力,培植热爱读书的情感。从一至三年级的语文、英语学科重点推进并逐步扩大至小学高年级。通过语文、英语等课外阅读指导,拓宽学生视野,增强学生获取信息的能力、理解分析能力和辨别鉴赏能力,让学生从阅读中汲取知识、学会学习,提高人文素养,促进全面、和谐、可持续发展,为终身学习和未来生活奠定厚实的基础。

二、实施背景

嘉定素有"教化"美誉,有深厚的文化底蕴。华亭学校以"勤耕、尚读"为文化理念,古训有云:诗礼继世,耕读传家。"耕读传家"不仅代表着华夏民族历史中的一种生活方式,更体现了一种人文精神的经典。"耕"可事稼穑,丰五谷,养家糊口,以立性命,是为生存之本;"读",可知诗书,达礼义,修身养性,以立高德,是为教化之路。"耕读"，是在求生存之余，读圣贤书，在日常生活里接受潜移默化的熏陶和教化。

"慧雅书童"阅读规划课程不仅是给华亭的孩子们一张书桌，更给他们打开了一扇通往世界的窗口。"慧雅书童"阅读计划的实施，要努力创设有利于激发学生广泛阅读兴趣，使学生喜欢阅读，感受阅读乐趣的环境与资源，增强学生阅读理解和分析鉴赏能力；倡导教师在实践中开展研究，实现以学生发展为本的阅读课程整合和校本化实施，提升教师的专业境界和能力；激励学校营造良好的阅读氛围，统整校本阅读课程，加强文化建设，实现学校的内涵发展。

三、实施目标

通过"慧雅书童"项目的实施，营造学校、家庭良好的阅读氛围，激发学生阅读兴趣，培养阅读习惯。扩展学生阅读面，增加阅读量，注重阅读感受和体验，培养语感，增强学生阅读理解和分析鉴赏能力，提升思维品质，促进学生从小养成终身阅读的习惯，将学生培养成"智慧、儒雅"的华亭人。

以校园耕读文化建设为依托，充分挖掘、利用校园文化资源，通过家校互动等，激发低年级学生课外阅读的兴趣，让他们养成良好的课外阅读习惯，了解优秀的文化，习得一些文学素养，为终生学习奠定坚实的基础。同时，通过研究提炼出培养低年级学生良好的课外阅读习惯的有效途径和策略，并形成合理科学的课外阅读评价方案等。

四、具体实施

（一）图书漂流活动

学校的图书漂流活动包括：图书漂流箱活动、图书漂流阅读卡活动、图书漂流角。同时，学校结合"图书漂流活动"开展"勤耕尚读——慧雅书童计划"的调查问卷，扎实有效地将"慧雅书童计划"开展下去。号召全校师生"捧起书本，潜心阅读，以书交友，与书为友，与经典为友。"全校开展"图书漂流卡"制作及展示活动，学生在"漂流卡"上绘制插画、摘录好词好句、写下读书心得。图书漂流角的建立。图书漂流角分布在各个教学楼几个层面，在每个楼梯角都设有图书漂流角，并制定了"以书换书"、"文明护书"、"诚信记录"的图书公约,用一本书就可以借阅多本,大大丰富了阅读面,同时也简约了借阅流程。每到课间休息,总有不少同学围在了漂流角旁。漂流角由每班的志愿者自愿组成的图书管理团进行管理与日常维护、记录,真正实现了自主管理、自主学习。

（二）名家进校园活动

学校在积极探索"生本课堂、生活课堂、生动课堂、生成课堂、生态课堂"的教学内容和教学策略的生活化研究。通过"请名家进校园"——生活化提升学生艺术素养系列校园活动,不断激发学生的艺术潜能,让学生在感悟艺术魅力中提升艺术素养,彰显菁菁华亭学子"修德修文"的精神风貌,激励着每一位学生"生命因耕读而成长"。华亭学校"越乡娃娃"越剧社团已成立两周年,是学校的重点特色课程。为了让更多的孩子热爱戏曲,将这项优秀的非物质文化遗产更好地传承下去,华亭学校在镇政府的大力扶持下,成立"赵志刚华亭戏曲名师工作室"的小种子培养基地。

（三）"阅读马拉松之星"活动

学校制作了"阅读马拉松"记录卡,鼓励学生记录下每天的读书时间与阅读量,每周评选阅读马拉松之星,每周升旗仪式上进行表彰,并在微信平台上推广。被选为"阅读之星"的同学,将得到学校的特别嘉奖,他的照片也会放在图书漂流角上方的墙面上。

（四）阅读文化墙

学校有棵"奇妙"的树——"感恩树"。上面张贴了同学们的图书漂流卡和感恩卡,一来引导学生珍惜每一次阅读的机会,二来让学生学会常怀一颗感恩之心做人做事。相信在书海的徜徉中,孩子们的人生会越来越精彩,脚步会越来越坚实。学校还有一堵"美丽"的墙——"慧雅书童"文化墙。这面墙上有语文老师布置的文学常识、作家简介、成语故事、古诗名言;有英语老师布置的英语角、走遍世界、英语小故事;还有同学们布置的新书推荐、读书心得、书法展示、图书插画等等。墙上还有一台数字电视,滚动播放着老师们制作的各种知识问答,丰富学生们的课余生活。

（五）乡村少年宫与社团活动

"乡村少年宫"与社团活动中，有不少课程与"慧雅书童"项目课程相链接，如："华苑"经典诵读团、"慧雅书童"文学社团，还有学校的特色社团——小导游社团等等。这些丰富多彩的社团活动，不仅锻炼了学生的能力，也开拓了他们的视野、丰富了他们的阅历。

（六）校报校刊主题征文活动

学校的《嫩芽》校报、《耕读》文学社刊每学期举办主题征文活动，优秀的作品都刊登在校报，校刊上。在一系列的读书活动中，意在让小读者与书本结下不解之缘，产生无数阅读感悟、灵感与收获。

（七）推荐一本好书活动

在校园文化季中，组织同学进行"推荐一本好书"比赛。同学们通过自己喜爱图书的介绍，向伙伴们推荐一本好书。

（八）亲子互动共阅读活动

指导家长参与"慧雅书童"阅读计划，支持孩子课外自主阅读。鼓励家长周末或闲暇时间带孩子到附近的图书馆、书店参观、阅读，关注孩子的阅读习惯养成，不任意安排孩子的课外补课、作业时间，给予孩子一定的自主自由阅读选择空间。

五、实施保障

（一）建立管理机制

建立校长为项目推进第一责任人，成立学校工作领导小组与工作指导小组，形成学校阅读管理网络。

（二）形成评估改进机制

将学校阅读项目研究的总结反思、行政部门的监测、业务部门的评估、家长及社会的评价有机结合，及时发现亮点，总结提炼有效做法和成功经验，开展交流、推广与展示活动。

（三）组织丰富多彩的活动推进课外阅读

通过开展形式多样的课外阅读活动，如读书沙龙、读书征文、读书演讲、读书报告会、课本剧表演、优秀美文诵读展示、百科知识竞赛等，展示读书成果，总结推广阅读经验。每学年组织一次"读书季"活动，各年级每学期至少开展一次专题读书活动，定期分步骤组织阅读技能竞赛,开展专题阅读指导方案和学生成果评比,对成绩突出者要给予适当的奖励,对阅读指导效果明显的教师要给予表彰。

我们也需关注个别同学,设计不同的活动方案使所有同学都能参与,都有收获,真正将阅读变成一种习惯,将书本内化为一种智慧,真正培育出一批又一批智慧儒雅的现代小书童。

(二)"百草园"项目探究课程

1. 一、二年级

课程内容:(语文书)根据这个学年段孩子的特点,将百草与课文相结合这样图文并茂的形式进行,相互渗透。

课程目标:在教师的指导下,能借助植物实体与文字结合,让学生更形象、更直观的认识植物,理解课文,激发识字的兴趣,践行校本教学文化即:从"书本教学"走向"生活教学",重构课堂生活。

2. 三年级

课程内容:(百草绘画)基于掌握百草的形态特征、百草的颜色、百草的规格等基本要素,用绘画这种艺术形式表现生命物体。

课程目标:在教师的指导下,用绘画这一艺术形式表达自己对百草的一种理解以及对大自然的憧憬,秉承校本德育文化中的生存技能文化,让学生亲近自然、勤思善行、开拓创新。

3. 四年级

课程内容:(百草生长过程)了解百草的学名、形状、科属、花期、特性,认真观察百草的生长过程,记录并整理出百草植物的有效信息。

课程目标:在教师的指导下,能够仔细观察百草生长的过程,能够分析和比较不同植物的特征,与同学交流和讨论,通过养育百草,来塑造个性并且能够最终笃志通行。

4. 五年级

课程内容:(百草的人文价值)根据对百草认知的有关知识,当好百草护理员,感悟百草精神对自己的启示并进行相关写作。

课程目标:在教师的指导下,学生能够通过观察、实验、查资料、调查、案例分析等方式获取百草知识的相关资料,掌握顺序观察、对比观察、分步观察的方法,能运用分析、比较、推理、概括等方法得出科学探究的结论,能采用科学小论文、调查报告等方式,呈现探究的过程与结论;鼓励学生从"记忆型学习"走向"思维型学习",提升学习思维品质。

(三)"百粮馆"项目探究课程

1. 一、二年级

课程内容:借助一二年级语文课本识别种子的基本常识。

课程目标:在语文教师的指导下,能借助简单的图形、文字认识各类种子的基本特征,并对种子、对植物、对自然产生兴趣,同时能够提出有趣的问题。

2. 三年级

课程内容:(种子作画)能够利用各种种子的不同颜色、不同形状拼接有趣生动的图画。

课程目标:在教师的指导下,识别种子的特征,学习用不同类型的种子手工制作美妙的图画,激发学生的艺术创作能力,提高学生的审美情趣。

3. 四年级

课程内容:(种子培育过程)培育一颗种子,认真观察种子的生长过程,研究种子不同生长周期的特征,描述并整理种子的有效信息。

课程目标:在教师的指导下,能够预测种子的萌发过程,能够分析和比较不同种子的特征,并如实讲述探究的过程与结论,与同学交流和讨论。

4. 五年级

课程内容:(种子的育人价值)根据已有的经验和知识设计实验方案,观察萌发小麦草种子的实验过程,记录小麦草种子不同时期的变化,探究结论,形成科学小论文或者调查报告。

课程目标:在教师的指导下,能够通过观察、实验、查资料、调查、案例分析等方式获取种子的生长资料,掌握顺序观察、对比观察、分步观察的方法,能运用分析、比较、推理、概括等方法得出科学探究的结论,能采用科学小论文、调查报告等方式,呈现探究的过程与结论;能基于证据质疑并评价别人的探究报告,并能够迁移到日常生活中去。

(四)"百味馆"项目探究课程

百味馆研究性学习强调学"生活的常识"、学"生存的技能"、学"生命的价值"。着眼于转变学生的学习方式,培养创新精神和实践能力,强调学生对所学知识技能的实际运用、能力的形成和经验的获得,强调学生通过亲身体验加深对学习价值的认识,在思想意识、意志品质、知识技能等方面得到锻炼和升华。

百味馆课程以"体验者"和"链接学科"为基本单位,从不同年级段学生特点、不同基础学科中有关于"百味"元素来构建"1 + N"的微课程群。微课程群的内容整合了认知领域、情感领域和动作技能领域多方面,是让学生获得一种"在自主参与中成长,在实践体验中成功"的经历的学习内容。

"1"代表"百味馆"课程。

"N"代表由此产生的不同年级的学习目标体验者(Experiencer),以及不同的体验形式(Experiencing Learning Model)(听讲座、参观调查、实践尝试、班队活动、展示类、宴席类),不同的体验主题(Experience theme)(认识食物、走进市场、触摸厨具、小试厨艺、外出就餐、设计食谱、解密食物、品味文化),不同的体验目标(三识、四心、五能)。

"N"代表由此产生的微课程,由 N 个学科老师一起参与微课程的设计和教学,形成 N 个学科链接(Subject links);代表课程产生的"N"个导师角色(The Role of the Trainer)(各学科任课教师、家长志愿者、现代农业园区种植专家、菜场卖菜农、食堂大厨、木工巧匠、营养师、保健医生等)。

"N"代表由此产生的拓展型社团课程。

(五)"百弦社"探究课程

本课程内容分为四个模块:

第一模块为"发现越剧"。以兴趣的激发为主要目标,引导学生从

生活中发现越剧艺术,初步认识越剧与生活的关系;

第二模块为"走近越剧"。以了解越剧艺术的美为主要目标,通过揭示越剧艺术的审美因素(音乐、美术、文学、舞蹈等表现手段),引导学生在体验越剧之美的过程中,初步了解越剧艺术的主要表现手段;

第三模块为"品味越剧"。引导学生在接触越剧名人,欣赏名家名段的同时,接受越剧美的熏陶,并具有一定的越剧表演能力;

第四模块为"唱响越剧"。以"越乡娃娃"种子基地学员为代表,推进百弦社特色项目,促进小百灵们在越剧名师、越剧名段的浸润下,提高艺术综合素养,在实现艺术梦想的过程中体验快乐,在传统戏曲的熏陶中得到美的体验。

学校课程变革在形式上看是以校为本，而其背后真正的哲学理念是以人为本，以人的充分自由的发展为最高目标。课程变革是一个充满创意的过程，让所有教师在课程创新的过程中享受教师的职业幸福，实现专业成长。在课程建设和教学实施的探索实践中，让课程充满梦想，让学生心中有梦，让梦想引领成长，让学校成为自由创意的世界。

双通道课程：每一个梦想都精彩

让课程成全每一位师生的成长

第四章
畅游，让生命自由舒展

学校课程变革,在形式上看是"以校为本",而其背后真正的哲学理念是"以人为本",以人的充分自由的发展为最高目标。

课程变革是一个充满创意的过程。让所有教师在课程创新的过程中享受教师的职业幸福,实现专业成长。在课程建设和教学实施的探索实践中,不断走向师生协同发展的佳境,是华亭人的精彩梦想与不懈努力的目标。

"让课程充满梦想,让学生心中有梦,让梦想引领成长,让学校成为自由创意的世界。"秉持这样的理想追求,安亭高级中学的双通道课程体系构建已经绽放出绚烂的花朵。我们有理由相信,只要假以时日,这一课程改革,必将在梦想教育的探索之路上,结出累累的硕果,收获成长、喜悦与感动……

在教育系统的诸要素中,课程是实现学校育人目标的重要载体,只有课程的美好、教学的美好,才有教育的美好、人生的美好。迎园中学秉承让课程适应每一位学生的发展,为学生的未来品质奠基的核心理念,以为学生提供多元丰富的教育资源为目标,整体优化课程结构,架构基于学校办学理念的 ACTIVE 卓越课程体系,在课程中寻觅学生潜能开发与个性成长的最佳结合点。

英国哲学家怀特海曾说:"教育的目的为了激发和引导学生的自我发展之路。"印度哲学家克里希那穆提指出:"学校应该帮助学生去发现他们自己的天赋和职责,而不要仅以事实和技术上的知识填塞他们的内心。学习应该是一片沃土,使学生可以毫无恐惧、快乐而完整地生长于其间。"

基于这样的理解,学校尊重学生个体差异,为学生提供多样化的课程选择,因材施教,促进每个学生自主学习、自我发展、发挥潜能、做最好的自己。

课程为学生提供了无限生长的空间,课程强调生态课堂的生成和创建,采用灵活多变的方式激发学生的潜能,使课堂成为学生的乐园,让鱼儿在广阔的海洋里遨游,让鸟儿到广袤的蓝天尽情飞翔,自由舒展,绽放精彩。

双通道课程：
每一个梦想都精彩

上海市嘉定区安亭高级中学地处嘉定国际汽车城中心城镇安亭镇墨玉北路868号，是一所公办全日制高级中学。安亭高级中学前身安亭中学，始建于清朝道光八年（公元1828年），是为纪念明代著名散文家归有光（字开甫）在安亭讲学和生活25年，由道光皇帝御批建造的震川书院发展而成，是上海郊区历史最悠久的学校之一。2007年学校创建区实验性示范性高中，历时三年，全方位提升了学校办学品质，2010年1月学校被命名为区实验性示范性高中。2011年7月，根据嘉编〔2011〕68号文和嘉教〔2011〕55号文，撤消上海市嘉定区安亭中学，建制上海市嘉定区安亭高级中学，校址迁至安亭镇墨玉北路868号。迁址办学的安亭高级中学继续秉承先哲"以文载道、以教启智、以福维桑"的震川精神，在"让师生共同健康成长"的办学宗旨指导下，确立"让每一个学生成为一生的追梦人"的办学理念。学校坚持科学发展观，坚持依法治校和以德立校，学校在传承中健康发展，在发展中开拓创新。

学校占地面积90余亩，环境幽雅清静。现代化教育设施齐全，设有智慧创新实验室、DIS实验室、微格教室、语音教室、电子阅览室、地理专用教室等。现有教学班18个，学生631人；专任教师61人，其中具有中学高级职称的教师18人，区级骨干教师4人。学校坚持以学生发展为本，全力打造特色课程体系，通过多元化课程的开设和一系列特色鲜明的主题教育教学活动的开展,为学生综合智能的开发搭建了发展平台,满足当今社会学生个性化发展的需要。

第一部分 学校课程哲学

一、学校教育哲学:梦想教育

一个人的梦想有多远,他就能走多远。每个学生都要插上"两个翅膀",一个是梦想,一个是毅力。有了这"两个翅膀",他就能飞得高,飞得远。梦想只要能持久,就能成为现实。我们不就是生活在梦想中的吗?人的一生就是这样,先把人生变成一个科学的梦,然后再把梦变成现实。

二、学校课程理念:每一个梦想都精彩

每个人都有理想和追求,都有自己的梦想,每一个梦想都是精彩的。梦想课程依据创新、多元、宽容的原则,尊重学生的学习权利,不是关注"我给"而是关注"他要",关注获得了多少机会,即问题比答案更重要,方法比知识更重要,信任比帮助更重要。通过学生参与学习,让学生心中有梦,让梦想引领成长,让学生体验筑梦、寻梦、圆梦的过程。

梦想课程开拓了学生的视野,锻炼了学生的团队合作、创新探索等多元能力,让学生变得期待学习、享受学习。同时,梦想课程让师生关系更加融洽,使老师更热爱教学,并获得更好的专业发展。

第二部分 学校课程目标

一、育人目标

让每一个学生成为爱健康、能创新、有梦想、担责任，适应未来社会发展需求的优质人才。

健康是指一个人在身体、精神和社会等方面都处于良好的状态。我校自 2008 年创建区实验性示范性学校以来，就提出"让师生共同健康成长"的办学宗旨。高一阶段，注重心理健康。学生能够善待自己，善待他人，适应环境，情绪正常，人格和谐。通过每周一节心理健康课程的开设，让学生正常完成初中到高中的过渡，用积极健康的状态进入高中生活。高二阶段，注重身体健康。养成每天锻炼 1 小时好习惯，擅长至少一项体育项目。通过各种体育比赛、社团活动等，充分展示高中学生热爱体育运动的阳光一面。高三阶段，适应社会，学习处理人际关系，人与社会的关系。人是社会的人，高中学生应该更多地走向社会，学校通过为学生提供各类社会实践活动，让学生接触社会不同人群，通过实践去体验和感悟，做一个适应社会变化的健康人。

创新是指以现有的思维模式提出有别于常规或常人思路的见解为导向，利用现有的知识和物质，在特定的环境中，本着理想化需要或为满足社会需求，而改进或创造新的事物、方法、元素、路径、环境，并能获得一定有益效果的行为。高一阶段，更新。高一学生是从初中向高中的转变，必须有一个认识层面的更新。通过参与入学教育、国防教育、学生须知学习讨论等活动，对高中生活有一个初步了解，再通过学年系列学习活动，建立创新的思维模式，学会学习，同时更新自己的认识，更新自己的观念。高二阶段，创造。高二是学生对创新理念的重要实践阶段，学生通过校园科技节、艺术节、读书节等活动，充分施展自己的才能,学校充分鼓励利用所学知识创造新的东西,不断革新创造。高三阶段,改变。面临高考,学生必须选择适应社会发展需要的高校和专业,学会改变自己,开拓前进,将来才能改变社会,做一个对国家、对社会有用的人才。

梦想是人们在实践过程中形成的、有实现可能性的、对未来社会和自身发展的向往与追求,是人们的世界观、人生观和价值观在奋斗目标上的集中体现。高一阶段,找寻梦想,从自身出发寻找启示。高一学生结合自身情况,对自己有一个正确的认识和合理的定位,找寻自己的梦想。高二阶段,确立梦想,梦想可大可小、可近可远。高二学生确立自己的各种梦想,向着梦想前行。高三阶段,追逐梦想,为之付出自己最大努力。高三学生首先要为实现自己的学业梦想而最后冲刺,不管是双通道中的哪一个通道,都要通过自己的努力才能实现。

责任的理解通常可以分为两个意义。一是指分内应做的事,如职责、尽责任、岗位责任等。二是指没有做好自己工作,而应承担的不利后果或强制性义务。高一阶段,个人层面的责任。以对自己负责为起始点,学会求知。一个人唯有对自己的人生负责,建立了真正属于自己的人生目标和生活信念,他才可能由此出发,承担起对他人和社会的责任。高二阶段,家庭和集体层面的责任。以对父母负责为基本点,学会感恩。以感恩教育,使学生懂得感恩是做人之本,是快乐生活之源,使感恩之行成为每个人的自然之举。同时,在传统教育活动中培养集体主义意识,在教学活动中培养集体主义情感,在社会实践活动中培养集体主义精神。人只有具有了集体观念、团队精神,才能自觉承担责任,尽到应尽的责任,才能进一步上升为社会责任意识。高三阶段,国家社会层面的责任。以对社会负责为制高点,学会奉献。作为当代高中生,作为一名现代公民,实践社会责任,意味着他要坚持道德上正确的主张或真理,愿为国家、社会作出奉献和牺牲。

二、课程目标

表 4 - 1

年级		高一年级	高二年级	高三年级
课程目标	学术通道	能够投入到自己喜爱的课程中；对感兴趣的问题会尝试探究、有钻研精神，独立完成一项基本技能的任务；积极参加文艺体育活动，学会融入环境；形成积极乐观、有梦想的人生态度。	能够将知识举一反三、融会贯通，通过课程学习、阅读拓展提升素养；在科学探究中有思辨能力、会提出解决策略；掌握艺术或体育技能；积极参与社会活动，在实践中追逐梦想。	以主人翁精神参与课程的创设；在合作探究中形成团队合力，展示创新成果；在艺体活动中发挥专长；通过实践体验为社会服务，养成社会责任，确立志向，分享和传递梦想。
	技术通道	能够合理安排时间，明确自己的责任，安排自己的任务；善于表达自己的意见，准确阐明自己的观点；敏感地发现和提出问题；适应环境和心理调节的能力。	能够根据变化的环境调整目标和任务；会运用书面、口头和形体语言接收和答复变化的信息；运用信息技术等工具分析问题；对复杂事物进行判断和选择；质疑、求实、探究的创造性能力。	确定个人或团队的发展方向；尊重包容他人的看法和意见，通过有效沟通提高团队的整体性和协调性；运用各种资源处理常规和非常规问题；归纳现象、提炼中心的求同思维和发现差异、揭示本质的求异思维。

第三部分　学校课程体系

一、课程结构

为确保学校课程的有效开展，学校采取的策略是"稳基础、促拓展、激研究、重德育、注实践"，开设五大类课程：学科特色课程，科技探究课程，心灵提升课程，职业体验课程，专题聚焦课程。

（一）学科特色课程

基础课程校本化，抓住学科基础的知识系统，提高学生基础必修的效能，充分体现少而精的特点，实现尽可能高的修习效能。同时，按照不同学科的特点，以学生的日常生活为基础，以学生现阶段知识水平为出发点，以学生的兴趣为突破口，研究开发"1＋X"学科特色课程，"1"指的是基础型课程，"X"指的是一课时或若干课时的、在常规课或拓展课上进行的学科内容的挖掘和延伸。

学科特色课程中，大部分为基础课和限定性拓展课，必修；少部分为自主性拓展课，选修。

（二）科技探究课程

探究课程强化问题意识、思维方式、研究能力，安排相关项目特长教师为辅导教师，每周一、二、四的社团活动或研究课时间为主，以劳技教室、实验室等为主要活动场所，通过一系列亲身参与的调查研究和实践探究活动，从广度和深度上对相关内容进行探究，并对在探究过程中产生的感兴趣的问题进行更深入的研究和探索，使学生获得亲身体验，提高科学素养和创新能力，并在活动中学会合作与分享。

科技探究课程为自主性拓展课或研究课，选修。

（三）心灵提升课程

每周三下午，开展校内外七彩义工志愿者服务，每次活动1个班级分成5—6个小组，每个小组由一名指导老师带队，前往不同基地开展实践活动。在高一设置心理辅导活动课，高一、高二开设太阳花部落心理社团，各年级定期举办不同主题的心理健康教育讲座等。通过入学典礼、入党仪式、十八岁成人仪式、高考100天誓师大会、毕业典礼等仪式或活动，记录学生成长中的重要时刻。

心灵提升课程中，一部分为限定性拓展课，必修；一部分为自主性拓展课，选修。

（四）职业体验课程

走出校门，依托区域资源，与周边的企业、机构、院校等进行交流合作，争取更多的实习机会，让学生参与到设计、生产、营销、售后等各个工作环节中，在尝试中获得更多职业体验和锻炼，掌握相应的职业技能，增长适应社会和服务社会的能力。

职业体验课程中，一部分为限定性拓展课，必修；一部分为自主性拓展课，选修。

（五）专题聚焦课程

结合当前社会的热点问题，以专题讲座、展示展览、参观学习等形式，使学生在校内吸收文化知识、加强实践锻炼之余，能够与社会保持同步，了解和掌握校外最新最热的资讯信息，同时接受安全、法制、民防、卫生等方面的教育。

专题聚焦课程为限定性拓展课，必修。

二、课程模式：双通道课程

双通道课程，即根据学校和学生的实际情况，着眼于适应社会需求和学生自身发展的需要，考虑到社会需求的多层次和学生发展的差异性，在教育教学中为学生创设两条通道：学术通道和技术通道。

学术通道：针对成绩较好、以后可能升入本科院校的学生，体现高中学习的基础性和持续性，对学生未来工作和终身学习所必备的基础知识的传授和基本意识的培养，使之具有扎实的普通高中文化基础和学习探究能力，向"学术型"人才发展。

技术通道：针对成绩中等或较为薄弱、以后可能升入高职高专院校或直接就业的学生，对其在今后持续学习和社会生存所必备的基本的、通用的能力的培养和教育，包括计划与安排、合作与交流、选择与处理、应对与创新等，使之具有一定的职业意识和职业技能，在以后从事的岗位上有持续发展的潜力，向"技能型"人才发展。

三、课程设置

表 4-2

课程类别	课程内容					
		高一年级		高二年级		高三年级
学科特色课程	学术通道	语文＋古代诗词，英语＋欧美文化，物理＋生活中的透镜，历史＋外交风云，地理＋世界风土人情，艺术＋无笔书画，体育＋咏春拳等	学术通道	语文＋剧本表演，数学＋世界十大数学猜想，生物＋转基因食品，政治＋时政述评，艺术＋美声唱法，体育＋桥牌等	学术通道	数学＋市场营销，化学＋能源转化，历史＋建筑设计，政治＋知识产权，艺术＋硬笔书法，体育＋运动科学等
	技术通道	语文＋武侠作品鉴赏，地理＋旅游指南，艺术＋踢踏舞，体育＋击剑，计算机＋烤杯工艺制作等	技术通道	语文＋演讲技巧，数学＋会计基础，英语＋配音技巧，生物＋校园植物辨析，历史＋名点小吃，艺术＋合唱团，体育＋三大球等	技术通道	数学＋物流成本计算，化学＋水的净化处理，政治＋生活法律常识，艺术＋形体瑜伽等
科技探究课程	学术通道	几何画板操作，物理DIS实验，智力型机器人制作等	学术通道	数独公式探究，光合作用实验，电视编辑与摄像，陶艺制作，室内粉尘控制研究等	学术通道	PHOTOSHOP图像制作与处理，太阳能安全雨伞和风车的制作，新能源研究课题等
	技术通道	网页设计与制作，节能电灯制作，飞机模型制作等	技术通道	水质测试实验，环保水果电池制作，手工编织，阳台蔬果栽培研究等	技术通道	微视频制作，动力型汽车的检测与维修等
心灵提升课程	学术通道	梦想教育，安亭医院"爱心天使"服务活动，浏河营地军训、政训活动，"仁、义、礼、智、信"系列教育等	学术通道	长安墓园"生命乐章"祭扫活动，民族精神教育，法制教育，节日文化教育，自信心心理健康教育等	学术通道	安亭派出所"公民警校"体验活动，考试焦虑调节心理健康教育，团队精神教育，奉献精神教育，东方绿舟十八岁成人仪式等

课程类别	课程内容					
	高一年级		高二年级		高三年级	
	技术通道	梦想教育,安亭图书馆"书海畅游"阅读活动,浏河营地军训、政训活动,礼仪教育,"德、诚、恒、细、思"系列教育等	技术通道	松鹤墓园"生命礼赞"祭扫活动,爱国主义教育,感恩教育,安全教育,耐挫能力心理健康教育等	技术通道	生存技能心理健康教育,团队合作教育,公民责任教育,东方绿舟十八岁成人仪式等
职业体验课程	学术通道	学生电视台,博泰社区"我爱我家"实践活动,上外嘉定实验学校"大手牵小手"实践活动等	学术通道	浏河营地学农活动,大众工业学校学工活动,学生网络工作室,安亭法庭"法律讲坛"实践活动等	学术通道	学生广告设计室,博泽公司"未来职场"见习活动,11号线F1赛车场站"地铁卫士"实践活动等
	技术通道	学生广播台,墨玉社区"我爱我家"实践活动,上外嘉定实验学校"大手牵小手"实践活动等	技术通道	浏河营地学农活动,大众工业学校学工活动,学生美食社,安亭司法所"法律讲坛"实践活动等	技术通道	学生记者团,博泽公司"未来职场"见习活动,颖奕高尔夫"职业礼仪"实践活动等
专题聚焦课程	学术通道	青春期的异性交往专题,健康专题,人与自然专题,现代农业园参观活动,上海科技馆参观活动等	学术通道	科学前沿专题,法制专题,反邪教专题,国防专题,嘉定博物馆参观活动等	学术通道	人际交往专题,公民素养专题,廉洁专题,同济大学嘉定校区参观活动等
	技术通道	青春期的异性交往专题,安全专题,气象与地震专题,现代农业园参观活动,上海科技馆参观活动等	技术通道	网络科技专题,法制专题,禁毒专题,民防专题,汽车博物馆参观活动等	技术通道	人际交往专题,团队合作专题,环保专题,同济大学嘉定校区参观活动等

第四部分　学校课程实施

一、梦想管理，引领课程航行

建立"梦想教育"组织管理机构，形成"梦想教育"工作例会制，围绕"学习力"聆听专家指导意见，传递最新教育动态，分享工作学习感悟；围绕"攻坚力"，发现和直面困惑与问题，迎难而上，碰撞智慧火花，攻坚克难；围绕"执行力"，反思工作落实到位情况，提出改进举措。领导小组成员要发挥核心作用，各部门要有"一盘棋"大局观，确保梦想教育工作有序推进。

通过党员、教职工、年级组等会议、校园网、校刊、宣传栏等阵地组织教职员工讨论、学习"梦想教育"课程规划，动员全体教职员工统一思想，人人知晓，人人参加。建立"梦想教育"教研组，打造与"梦想教育"特色发展相匹配的教师队伍。通过丰富多彩的讲座、比赛、社团活动等，帮助学生认识"梦想"的重要意义，激活学生找寻梦想、追求梦想的热情，形成"人人有梦，每个梦想都精彩"的普及参与格局，成为学校发展名片。

二、梦想课程，落实"1＋X"学科特色建设

以基础型课程为原点，根据学科特点、学生需求以及学校实际，深入探索学科延伸课程模式，创造性地开发具有校本特色的"1＋X"学科课程群，激发学生学习兴趣和创新能力。其中，"1"为基础型课程，即学科本身的知识素养，该课程内容体现的是"用教材教而不是教教材"的教学思想；"X"指的是个性化发展的拓展型课程，教师要根据本地实际和学生特点，善于鉴别、积累、利用和开发各类学科资源，在教学实际中不断增强课程资源意识，提高课程开发的能力；"＋"不是简

单的加法，而是促进"1"与"X"两者相辅相成，达成平衡。

基础型课程讲究学科本位，而拓展型课程则需要打破学科界限，借助课程统整，让学生学会统整知识。在原有学科的基础上，设置崭新的综合性学科，如语文＋古代诗词、化学＋能源转化、地理＋世界风土人情等；开辟崭新的课程领域，如综合实践活动；倡导在学科教学中改造学生的学习方式。课程统整的设计，不能依靠教师个体的闭门造车式的备课，需要的是教师团队的集体智慧和团体合作。

三、梦想课堂，助推课堂转型

以学生为主体，创设新的课堂文化，营造温馨、有趣、有效的"梦想课堂"，成为课堂转型道路上的有力推动。温馨首先体现在课堂环境的物质层面上，通过对教室里的环境布置，给师生营造宾至如归的感觉，从内心产生对班级、课堂的依赖。其次，体现在教师的教育理念和人文关怀行为上，教师要目中有人，尊重学生的主体性，关注学生多方面、多层次的需求，尽可能做到因材施教。温馨还体现在课堂生态环境的建设上，要着力构建平等、公正、自然、互信、互动、互助的学习环境，让学生其乐融融地开展学习活动。

情趣是指有情有趣的课堂教学。一是生趣，即挖掘、展示学科知识中趣味性一面，使教学过程形象生动。二是得趣，即由教师的趣教激发学生的趣学。三是理趣，即发现知识中的义理情趣，升华为对人生、社会、科学的新的认知。四是志趣，即让学生形成对知识不懈探究的志向和乐趣，使学习成为学生终身的兴趣、爱好和习惯。

有效是指在课堂活起来的基础上，让学生从原来的被动接受走向主动学习和探究，在每节课中都能得到实实在在的收获，或在原先的程度上取得进步和发展，同时教给他们思考问题的方法，慢慢学会自己摸索着向前走。

传统的课堂教学是一种记忆型教学文化，在这种文化中，教师的作用是向学生传递信息，学生的作用是接受、存储信息，并且按照这些信息活动，教师的教代替了学生的学。梦想课程背景下的课堂教学，则是要引导学生与客观世界、与他人、与自我对话,通过对话形成一种活动性的、合作性的、反思性的学习方式,从传递中心转变为对话中心,从记忆型教学文化转变为思维型教学文化。

四、梦想德育,完成心灵提升

以市级优秀项目"七彩课堂校外义工活动"为抓手,开设校外义工七彩课堂,进一步编写学校"梦想课程"教材,实行项目制探索模式,加强德育课程队伍建设,打造校外义工特色品牌。

在高一年级设置每周一节的心理健康课程,在高二年级进行心理联络员的定期(每两周一次)培训活动,在高三年级开展主题为压力与情绪管理为主题的心理讲座。在全校范围内展开面向全体师生的心理咨询预约,定时定点开放心理咨询室。开展心理社团太阳花部落的社团活动,做好《开甫心苑》刊物的编辑印刷,普及并宣传心理健康知识。

对全体学生进行日常行为规范教育,加强常规检查,组织规范养成训练和督导,提高学生文明素养。通过国旗下讲话、宣传橱窗、黑板报等多种渠道和形式进行行规礼仪教育、民族精神教育、感恩教育、生命安全教育、法制教育等。开展双庆诗会、温馨教室评比、班主任节等特色活动,丰富校园文化。

让课程成全每一位师生的成长

上海市嘉定区迎园中学地处嘉定新成地区，是嘉定教育局直属的一所公办初级中学。学校创办于 1995 年，2009 年扩建新校区，成东西两个校区。西部校区（墅沟路 600 号）占地面积 30 亩，建筑面积 1.2 万平方米，东部校区（倪家浜路 88 号）占地面积 50 亩，建筑面积 1.5 万平方米。

近年来学校注重文化的塑造和引领，通过积极探索全面质量管理来实践现代学校制度建设，学校架构的以质量为核心的管理体系在绩效考核、全员竞聘上岗、班主任组阁教师团队等方面作了成功的尝试，有效地促进了教师发展，真正做到责重多酬、多劳多酬，优劳多酬。学校致力于改变教职工的教育教学动机与行为，不断提高教职工的工作绩效，努力形成了支持革新、持续改进的管理机制和学校文化，保障了校内民主，一改科层式领导模式和人格领导模式，以学校理念为本，实现"学校共同利益意识"及对"使迎园中学成为师生生命成长的乐园"的承诺与尽责，建立学校文明社会的共同体。每个人都是共同体的成员，每个人都对学校的成功负有责任，每个人都愿为学校的理念尽责。通过师生的共同努力，学校形成了"教师有爱、家长有情、学生有梦、行政有能"管理特色，迎园中学已经逐步从一个相对比较薄弱的郊区初中发展成为"上海市新优质项目学校"。学校先后被评为中央教育科学研究所科研教改全国先进实验学校、全国小公民道德建设实验学校、上海市素质教育实验校、上海市新优质项目学校、上海市教师专业发展学校，上海市行为规范示范校，上海市少先队工作示范校，上海市安全文明校园,嘉定区文明单位、嘉定区优质学校等近百项市、区级荣誉。

第一部分 课程哲学

一、学校愿景

学校愿景是:快乐迎中人,和谐新团队。该愿景阐释为:每一个迎园中学的师生都感觉满足和幸福。每一个师生工作和学习团队都是学习型的和合作型的共同体。

二、办学理念

禀受才智于自然,回复灵性以全生(系孔子语)。该理念阐释为:大自然启迪了我的智慧,赋予了我才干,恢复了我原有的灵性和德行来保全自己的天性。因此在此理念导引下,迎中的全体员工将秉持真诚与信赖、慧心与创意、使学生快乐学习,健康成长,追求卓越。

我们本着以"学生发展为本"的核心教育理念,全体员工秉持真诚与信赖、慧心与创意使学生快乐学习,健康成长,追求卓越。

我们通过如下努力确保所有迎中学子都有进步的机会:

1. 营造温馨的学习环境,快乐学习,健康成长。

2. 建构终生的学习能力,发掘潜能,经营人生。

3. 树立坚定的学习信心,因材施教,有教无类。

我们通过如下努力确保所有员工都有教育的热情:

1. 全体员工都应持续发展专业技能,用己所长。

2. 全体员工都应持续发挥创意教学,导引兴趣。

3. 全体员工都应依靠行政支援教学,教学优先。

我们通过如下原则确保所有活动都有教育的意义:

1. 学校活动均应具备引导学生学会学习的策略。

2. 学校活动均应根据学生身心潜能发展做基点。

3. 学校活动均应保证学生适当性与趣味化发展。

我们通过如下设计确保所有场景都有教育的功能：

1. 所有环境都是学生学习场景。

2. 所有器物都能陶冶学生心灵。

3. 所有规划都要激发学习需求。

第二部分 办学目标

在迎园中学"快乐迎中人，和谐新团队"的美好愿景召唤下，我们将一如既往地贯彻"禀受才智于自然，回复灵性以全生"的办学理念，努力"育有潜质的学生，办具发展力的学校"。将学校打造成为一所"有魅力质量，有灵魂品质"的市内优质学校。

办学目标的解读：

● 有潜质的学生：

1. 每个孩子都是有潜质的，教育的责任在于保护他们的潜质，使今天的教育不以牺牲明天的幸福为代价。

2. 学校应让学生都能就其资质，尽其潜能，把学生的"潜能性"化成"实在性"。

3. 有潜质的学生是整体平衡的，学校教育的根本目标在于"整体的发展"，学生的学业成就只是教育目标之一，交往、情感、体质、审美与灵性等方面也需要得到发展。

● 具发展力的学校：

具发展力的学校一定是可持续的学校：学校从规范管理跨越到特色发展，下一轮的学校发展应着眼于可持续的发展。可持续的学校不是追求学校单方面的发展，而是学校众多要素整体优化的过程，通过整体优化创造适合每个学生发展的环境，使每个学生的个性和潜能都得到充分的发挥，应成为优质学校创建的核心理念。

● "有魅力质量,有灵魂品质"的市内优质学校:

我们希望通过迎中师生的不断努力,构建高品位、独具个性的迎中校园文化内核;全员参与的立体化德育体系;卓越绩效引领的精细化、高质量、高效能、学习型现代学校管理;学生为中心的卓越课程和教学模式;充满智慧、富有爱心的教师队伍;高信任度的互动式家校社区教育共同体;国内国际高水平、深层次交流合作;使迎中毕业生成为有教养的、有潜力的、有个性的、有国际视野的现代人,将学校建设为区域内的"有魅力质量,有灵魂品质"优质初中。

第三部分　课程逻辑

学校是为学生提供教育服务的场所,这种服务是以课程为核心的精神性服务。因此,课程文化的建设理所当然地必须置于学校文化建设的中心位置。由于生源、师资、历史传统等因素的差异,学校的课程文化必须走校本化的道路。

课程与学校各要素的关系如下(见图4-1):

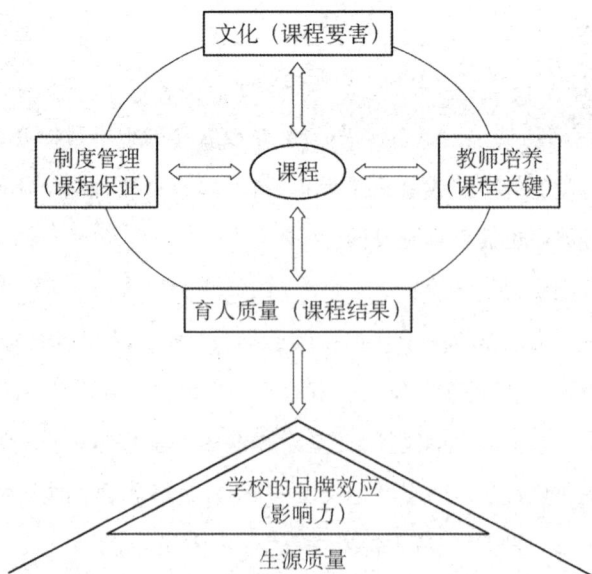

图 4-1

迎园中学学校课程是指迎中基于国家及地方课程标准,并根据本校学生的培养目标及学校发展的特点所制订的国家课程的学校执行标准,以及由此形成的课程结构与内容体系,也包括学校设置的各种特色科目及选用、增加的特色内容。

迎园中学学校课程建设逻辑图(见图4－2):

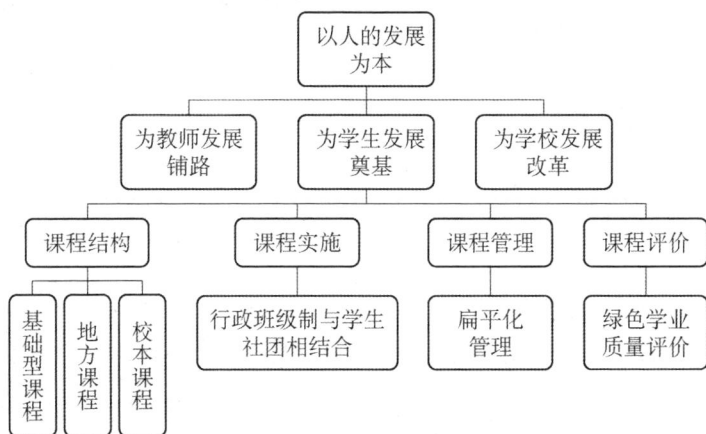

图4－2

第四部分 课程目标

一、学生培养目标

1. 德行高尚:自重自律,悦纳自己也关怀别人。

2. 学力扎实:满足学校严格的学业要求。

3. 体能充沛:乐观、健康,并拥有多种运动与休闲技能。

4. 负责自信:自信的、负责任的、问题思考者和解决者。

5. 放眼世界:具有国际化视野和良好的信息素养与信息能力。

二、教师成长目标

1. 积极精进:坚定终生学习信念,主动充实专业技能,促进教师的专业发展。

2. 敏捷有效：敏捷地执行学校的教学计划，并根据学生、家长和社区的反馈，持续改进教学过程，有效地实现学校的教育目标。

3. 创新教学：求新求变，突破教学上的固着，向学生提供支持性的学习环境。

4. 持续改进：持续地改进教育教学方法，永葆敏捷教育的青春活力。

5. 诚信包容：真诚相待、互相鼓励，营造温馨和谐的气氛。

三、课程发展目标：整体优化课程结构，提供多元教育资源

学校是为学生提供教育服务的场所，这种服务是以课程为核心的精神性服务。迎中课程变革的核心就是努力让课程适应每一位学生的发展，为学生的未来品质奠基，学校课程设计与开发应把学生的发展置于课程的核心；应将学科内容与学生体验进行有机的整合，使学科内容成为学生体验的基础、发展的资源。鉴于此，我校以为学生提供多元丰富的教育资源为目标，整体优化课程结构，架构基于学校办学理念的 ACTIVE 卓越课程体系：

A active 积极；

C creative 创新；

T tough 坚韧；

I independent 独立

V vivid 灵动

E energetic 活力

本校所为学生设置的所有课程都以此为目标，努力将我们的学生培养成为有主动性、有创新意识、有坚忍不拔精神、有独立意识、灵动、充满活力的有社会责任感的人。

ACTIVE 卓越课程体系设置为"修身"、"展能"两大模块、"基础型、拓展型和探究型"三类课程。重点培养学生的"阅读表达、数学思维、科学探究、信息技术、心理适应、解决问题"的六大通用能力。

第五部分　课程结构

一、课程结构

根据课程目标性、整体性、开放性、多样性的原则，我校确定了设置各种内容、各种类型、各种形态的课程的比例和彼此关系，使这一体系达到了整体优化的效应。为在课程中寻觅学生潜能开发与个性成长的最佳结合点，我们构建了"迎中课程"的基本结构，迎中的课程由校本化了的国家课程和校本课程组成。（包括修身必修模块和展能选修模块）

课程建设规划思路：

基础性核心课程：精心实施，重在高效，夯实发展根基。

修身必修课程：拓展型课程，提供选择，开发潜能，促进主动发展。

展能选修课程：探究型课程，引导创新，强调体验、普及与提高并重。

三种课程的关系如下图（见图4-3）：

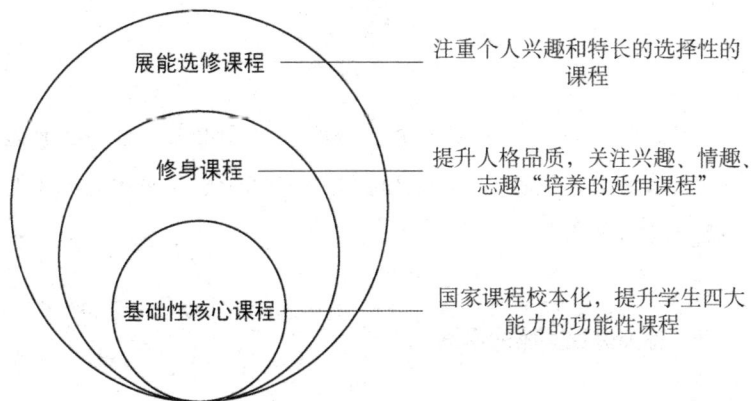

展能选修课程 ——— 注重个人兴趣和特长的选择性的课程

修身课程 ——— 提升人格品质，关注兴趣、情趣、志趣"培养的延伸课程"

基础性核心课程 ——— 国家课程校本化，提升学生四大能力的功能性课程

图4-3

二、修身必修课程的框架

在基础性核心课程基础上设置以提升人格品质,关注"兴趣"培养的延伸课程为主线的修身课程,基本构建起四年段、十个系列、四十八个主题模块的系列课程,课程涵盖德育、文学艺术、科学思维、文理综合、实践考察、交流体验、体育运动、心理健康、节庆活动。每个学生在每个年段可根据自己的需求选择不同的模块学习。为激发和发展学生的学习需求,学校研发了涵盖人文类、科技类、艺体类、心理类、信息类、综合类等内容的四大拓展领域("智慧与情感"、"审美与创作"、"交往与人生"、"自主与展能")丰富学生的知识面,培养学生的社会责任感和公益意识。

三、展能选修课程框架

学校在原有基础性核心课程、修身课程的基础上,以学生的兴趣点和教师的能力点为出发点,针对学生多元潜能、优势潜能和个性化需求以社团为载体开发展能课程。展能课程以学生社团的形式出现,每天下午四点以后、每周五1:30—3:30都是学生社团活动的时间。

第六部分 课程设置与实施

本校课程分为三大类:基础性核心课程、修身必修课程与展能选修课程。本部分首先确定三类课程在实施上的原则,再分述三类课程的设置与实施要点。

一、各类课程实施的原则

基础性核心课程为国家课程中的必修部分,经过全体教师的共同努力完成国家课程校本化的过程,全体学生必须掌握的基础性知识与基本技能,并要求形成正确的学习态度并形成积极向上的价值观。由于国家课程标准给学校与教师留下了较大的空间,因此要根据学生的实际情况对国家课程进行校本化实施,即本着调试的实施取向细化课程目标、开发课程资源、调整教学内容、选择教学方法、优化教学评价。

修身必修课程是学校为学生的多元需求开发的校本课程,目的在于培养全面发展而又独具个性的人,唤起学生个体的自我意识。因此在实施的过程中要注重激发学生学习兴趣、鼓励学生主动参与学习过程和修身课程的开发与设计、运用生动活泼的教学方法,组织学生间的合作与交流。

展能选修课程是帮助每个学生发现最好的自己的拓展型课程,"因材施教,多一把尺就多一批成功的孩子"是展能选修课程设计的逻辑起点和终点。此类课程在实施中强调学生的自我选择与自我设计,让学生在教师的帮助下通过各种社团获得各种学习资源的权利。让学生在自己兴趣点的驱动下,自主地学习研究,并取得他们优势潜能足以支持的学习成果。

二、各类课程的设置与实施要点

表一、《修身》模块三类课程总设置与课时安排

表 4 - 3

课程 科目	年级 周课时	六	七	八	九
基础型课程	语文	4	4	4	4
	数学	4	4	4	5
	英语	4	4	4	4
	思想品德	1	1	2	2
	科学	2	3		
	物理			2	2
	化学				2

活
跃
的
课
程
图
景

课程　科目	年级　周课时	六	七	八	九
	生命科学			2	
	地理	2	2		
	历史		2	2	
	社会			1	
	音乐	1	1		
	美术	1	1		
	艺术			2	2
	体育与健身	3	3	3	3
	劳动技术	1			
	信息科技	2			
	心理健康	1			
	周课时数	26	25	26	24
拓展型课程	学科类、活动类（包括体育活动）	5	5	6	8
	专题教育或班团队活动	1	1	1	1
	社区服务社会实践	每学年2周			
	周课时数	6	6	7	9
探究型课程		2	3	1	1
专题广播		每周一～五中午(20分钟)			
体育锻炼		体育课每周3节,体育活动课每周2节,每天体育锻炼1小时			
眼保健操		每天2次			
周课时总量		34	34	34	34

备注：

1. 六、七、八年级 2 节体育活动课为 34 节总课时之外课时（教育局已备案），九年级 1 节体育活动课在 34 节总课时之内，1 节为 34 节总课时之外课时。所有体育活动课都由学校统一安排活动时间和场地。

2. 六年级劳动技术课由学校自行教学；七、八年级学生每学期安排在区劳技中心学习一周。

3. 专题广播内容:《卫生与健康教育》《心理健康教育》《民防知识教育》《时事政治与民族团结教育》《红领巾广播》。

4. 作息时间安排:

表4-4

上午		下午	
时间	安排	时间	安排
8:00～8:40	第一节课	11:25～12:40	午餐、午休
8:50～9:30	第二节课	12:40～13:20	第五节课
9:30～9:50	大课间活动	13:30～14:15	第六节课 (含眼保健操)
9:50～10:35	第三节课 (含眼保健操)	14:25～15:05	第七节课
10:45～11:25	第四节课	15:15～15:55 16:00～16:30	体育活动 差异化辅导活动

表二、《修身》模块主题教育活动安排:

表4-5

时间	主题	内容	参加对象
1月	健康教育	考前辅导	全体学生
	节庆文化教育 (春节)	了解中华民俗	全体学生
	安全教育	寒假安全教育	全体学生
2月	开学教育	行为规范教育	全体学生
	健康教育	青春期教育	八年级学生
3月	主题教育	学习雷锋好榜样	全体学生
	环境教育	绿色行动	全体学生
	感恩教育	"学会感恩,与爱同行" 感恩月	全体学生
	健康教育	预防艾滋病教育	全体学生
4月	主题教育	缅怀先烈	七年级学生
	主题教育	"十四岁生日"活动	八年级学生
	感恩教育	"学会感恩,与爱同行" 感恩月	全体学生
	健康教育	"我运动我快乐"师生同 乐运动会	全体师生

活
跃
的
课
程
图
景

时间	主题	内容	参加对象
5月	主题教育	做文明、热情的小主人	全体学生
	主题教育	"放飞理想，走成功门"离队仪式	九年级家长、学生
	健康教育	增强中考应对心理能力	九年级学生
6月	科技教育	创新低碳科技节	六、七、八年级学生
	创新教育	学生社团节	六、七、八年级学生
	环境教育	保护野生动物	六、七年级学生
	安全教育	防震减灾知识教育	全体学生
7月	安全教育	暑假安全教育	全体学生
	理想教育	"展开飞翔的翅膀"毕业典礼	九年级学生
	英语夏令营	英语口语训练及相关活动	六、七、八年级学生
8月	行规教育	入学教育、军训活动	六年级学生
	阳光夏令营	了解校本课程讲座等活动	六年级学生
9月	开学典礼	"我爱祖国·我爱校园"新学期开学教育	全体学生
	主题教育	"培育和弘扬民族精神"活动月	全体学生
	节庆文化教育（中秋节、敬老节）	了解中华民俗教育活动	六、七、八年级学生
	行规教育	"爱护公物，我在行动"活动	全体学生
	法制教育	交通安全教育活动	全体学生
	知识竞赛	民防知识竞赛	六、七、八年级学生
10月	禁毒教育	禁毒、防艾活动宣传月	全体学生
	勤俭教育	勤俭教育活动	全体学生
	健康教育	心理健康教育活动	六年级学生
	温馨教室创建	征集"温馨教室"创建过程中的温馨小故事	全校师生
	爱国教育	"红领巾与共和国"主题教育活动 国庆庆祝活动	全体师生
	社会实践活动	外出参观学习活动	全校师生

时间	主题	内容	参加对象
11月	理想教育	"从小树理想,践行六个一活动"主题演讲比赛	六、七、八年级学生
	女生教育	"自尊、自爱"教育活动	七、八年级女生
	安全教育	疏散演练活动	全体师生
	法制教育	反邪教教育活动	全体学生
	影视文化教育	"电影阳光行"活动	六、七、八年级学生
12月	校园文化艺术节	学生卡拉ok、皮影展演、乐器比赛、班歌比赛、舞蹈达人比赛等艺术活动	全体师生
	英语节	英语课本剧、小品展演等活动	七年级学生
	法制教育	预防毒品教育活动	全体学生
	国防教育	国防知识教育活动	全体学生
	节庆文化教育（元旦）	了解中华民俗	六、七、八年级学生
1月～12月	文化教育	"千年嘉定,古韵传承"学生活动项目	六、七、八年级学生

说明:

1. 本课程规划设置午会课、班团队活动、体育锻炼、科技文体活动、社会实践活动和学校传统特色活动等。

2. 各项活动都要结合其特点,发挥学生的主动性和创造性,使学生受到"两纲"教育,扩大视野,动手动脑,增长才干,发展志趣和特长,丰富精神生活,增进身心健康。

3. 主题教育活动的基本要求:

● 每周举行升旗仪式,进行时事政策和日常行为规范教育。教育学生热爱祖国,关心国家大事,遵守中学生日常行为守则,养成良好的行为习惯。

● 班团队活动有目的有计划地开展内容丰富、形式多样、生动活泼的集体活动。增强学生的组织观念和集体观念,培养学生自我管理和相互交往的能力。

● 各年级严格执行"三课两操两活动"规定,体育锻炼活动进行广播操、课间跑、眼保健操和其他小型竞赛活动,使学生增强体质,养成自觉锻炼身体的习惯。

● 科技文体活动开展科技节、艺术节、英语节、体育比赛、运动会等活动,由学生自愿参加,使学生增强兴趣,拓宽知识,增长才干,发展特长。

● 社会实践活动是指参加劳动技能培训活动、社会服务、社会调查、参观访问以及军事训练等活动。引导学生接触生活,了解社会,增强热爱祖国的感情和社会责任感。

● 校传统特色活动从学校实际出发,因地制宜地组织有教育意义的活动,包括国家重大节日、纪念日和民族传统节日等,引导学生在丰富多彩的活动中生动活泼地发展品行和人格。

● 每周周一至周五中午时间,进行校园专题广播,内容为:周一《卫生与健康教育》、周二《心理健康教育》、周三《民防知识教育》、周四《时事政治与民族团结教育》、周五《红领巾广播》。

表三、《展能》模块限定型拓展型课程安排(见表 4 - 6):

表 4 - 6

年级/学科	课程名称
六年级语文	文学欣赏(诗歌欣赏)
六年级数学	思维训练(数学思维训练)
六年级英语	快乐英语(音标、语法、活动拓展)
七年级语文	文学欣赏(文学欣赏与写作)
七年级数学	思维训练(趣味数学)
七年级英语	快乐英语(阅读和写作)
八年级语文	文学欣赏(妙笔生花)
八年级数学	思维训练(数学思维训练)
八年级英语	快乐英语(中考情景下的阅读训练)
八年级物理	生活中的物理(一)
九年级语文	文学欣赏(现代文阅读导学)
九年级数学	思维训练(数学同步拓展)
九年级英语	快乐英语(阅读·写作·听力拓展)

年级/学科	课程名称
九年级物理	生活中的物理(二)
九年级化学	绿色化学
数字化课程	《开学第一课》、《防范新型毒品的危害》、《消防安全教育》、《交通安全教育》、《舌尖上的中国》、《感动中国人物》、《创新机器人》及优秀影片……

表四、《展能》模块自主型拓展型课程(学生社团)安排(见表4-7):

◇ 六、七年级学生社团安排

表 4-7

社团名称	社团(课程)介绍	报名要求
1. 玩转天下魔方社团	20课时,社团注重引导学生动手动脑,创造轻松活泼、主动探索的学习氛围。让学生在玩中学,学中做,激发学生的创造性和求知欲,激励学生在活动过程中提高自己发现问题、解决问题的能力,培养崇尚科学、热爱科学的基本素质。	喜欢挑战自己,热衷魔方等益智玩具的同学。
2. 环境保护社团	10课时,社团积极探索课外的教学活动,体现地理学科的人文精神,在课堂教学中老师有意识地渗透有关环境保护、环境卫生、环境污染等知识,让学生了解当今环境方面的种种现状。通过环境教育的课程,培养一批具有较高环境意识和环境道德的学生倡导积极行动,从我做起、从现在做起、从身边小事做起,爱护地球家园。	关爱地球,有较强的环保意识。
3. 微电影制作工作室	20课时,我们以社员的兴趣和社团宗旨出发,拍摄一系列DV短片。作品不仅展示学生的思想内涵和出色的制作水平,而DV社丰富多彩的活动会使爱好DV的你有机会走出校园,关注社会,展现自己的才华,发挥自己的创意。我们社团内自由活跃的氛围也能帮助你结交志同道合的朋友,为共同协作实现梦想,拓展校园生活创造良好的环境。	家中有电脑,喜欢学习各种电脑软件。

社团名称	社团(课程)介绍	报名要求
4. CocaCola 英语俱乐部	10课时,本社团旨在激发学生学习英语的兴趣,培养学生良好的语音、语调、语感。通过听、说、读、写、唱、演等多种形式的学习活动,培养学生综合语言应用能力,提高英语综合素质。加强学习策略的培养,提高学生自主学习的能力。培养良好的心理素质、思想道德品质;学会共同生活,促进情感和态度的发展促进学生个性的充分发展。	喜爱英语,乐于用英语与人沟通和交流的同学。
5. 新闻坊	10课时,通过师生共同了解、介绍、评论各种新闻信息,把学生从平时繁重的学业中暂时解放出来,扩大视野,培养能力,以实现学生的可持续发展。	关心时事,对新闻采编及播报感兴趣的同学。
6. 小当家家政社团	10课时,社团主张"以孩子的体验感悟解读生活",社团成员们在动手的过程中获得探索的成就感和乐趣,通过学习缝纫、烹饪、家电使用等内容丰富了生活经验,社团活动使学生的家庭责任感、自理自立的能力得以提高,我们共同期望社团里的小能人可以获得健全的人格,幸福的人生,正所谓:巧手艺心爱生活,艺手巧心伴一生。	热爱手工DIY,乐于合作互助。
7. 影之动皮影社团	10课时,皮影戏是让观众通过白色布幕,观看一种平面偶人表演的灯影来达到艺术效果的戏剧形式。皮影戏中人物、景物的造型与制作,却又是属于我国的民间美术范畴。它的艺术风格,在民族艺苑里也是独树一帜。是中国民间民俗工艺中一颗璀璨的明珠。	热爱皮影艺术,有美术特长,参加过绘画、书法比赛,第一周参加拓展课时带一张自己的作品。
8. 蓓蕾舞蹈社团	20课时,舞蹈社团以培养学员的艺术欣赏、舞蹈表演能力为主,使学员的课外生活丰富多彩,在学习舞蹈的同时提高艺术气息和完善自身形体,使学员们不仅受到很好的教育,也得到良好的艺术熏陶,成为新一代全面发展的优秀人才。通过民族舞教学带动了学校的特色文化建设,推进了学校的两纲教育,形成了学校文化建设中的璀璨奇葩。	热爱舞蹈,有基础者优先。

社团名称	社团(课程)介绍	报名要求
9. 水叮当合唱社团	20课时,水叮当合唱团是一个充满了青春与活力,团结又快乐的社团,音乐像一粒种子,伴随着悠扬的歌声把爱与快乐深深埋入了所有小队员的心田。在近四年的历程中,从它留下的点点足迹,我们可以清晰地看到这棵青青小苗在苗壮成长。	热爱音乐;有较好的音准及表现力;小学有过合唱经验的学生优先。
10. 小旋风乒乓社团	20课时,小旋风乒乓球社团的宗旨是:"发展国球运动,丰富课余生活,提高乒乓球水平",即让更多的同学投身到乒乓球运动当中来,强身健体,丰富校园文体活动,树立顽强拼搏精神,并在活动中逐渐树立团队意识,同时也给学生提供一个展现个人风采的舞台,使他们掌握这项体育技能,为发展终身体育创造条件。	热爱乒乓球运动,小学期间接受过训练或参加过区级比赛者优先。
11. 快乐田径社团	20课时,超越田径社团的前身是校田径队。在校领导的关心下,以"学习、拼搏、进步、和谐"的团队精神作为团队的思想方针,旨在为众多田径爱好者提供展现才华、互相探讨、解决日常中常见的问题以及提高同学们的体育意识和运动能力等的平台。多年来,在区的比赛中获得一定的成绩,并向高一级学校输送了多名体育田径特长生。社团主要以六、七、八年级为主,以老带新。学生基本功扎实,训练兴趣浓厚。大家的目标是在今后取得更好的成绩。	有一定的运动基础,在小学阶段参加过区级田径比赛的最佳。
12. 灌篮高手篮球社团	20课时,本社团的篮球精神:掀起校篮球风暴,展现迎中学子风采。本社团的篮球精神要同学们——知道:身高不是问题,只要你全心拼搏,再高大的对手遇到你也会低下高贵的头;明白:成功并非一朝一夕,从迎中毕业的时候你就是班中最好的;记住:生活中要低调,球场上要霸气,相信你一定能对付进攻倒计时和双人防守。相信你会为团队带来些不一样的东西。相信抓紧机会的表现相信速度和控制力,相信你生来就属于篮球。相信永远都有进步的空间。	有较好的身体素质,热爱篮球运动,吃苦耐劳。

◇ 八年级学生社团安排

表 4-8

社团名称	课程介绍	报名要求
1. 身边的科学社团	10课时,以生活中常见的科学为话题,从生活中常接触和感兴趣的事物入手,设计一些小实验,激发学生积极地参与探索活动,锻炼用语言大胆表述自己的发现。通过尝试、感知和操作,帮助学生尝试着找到问题的答案,了解科学探究的基本过程,培养学生的动口、动手、动脑能力,培养学生的科学探究能力,让我们学生开始慢慢地领悟科学的内涵,体验到科学的无穷魅力,感受到成功的快乐。	喜欢观察身边科学现象,爱思考的同学。
2. 向日葵文学社团	20课时,向日葵文学社立足校园,是迎中每个有志在文学伊甸园里生根发芽、开花结果的学生沃土。文学社坚持以"提高写作水平、丰富校园生活"为目的,开展古诗精品欣赏、成语探幽、写作知识研讨、评评写写等活动。文学社主办《向日葵》刊物,由文学社学生自行创作、组稿、编辑、设计。《向日葵》已连续四年获得嘉定区中小学学生刊物特等奖。	喜欢阅读,喜欢思考,喜欢写作。
3. 沧海历史社团	10课时,社团要求学生自己动手创作历史小报,作品主题:中华民族英雄和英雄事迹。我们的口号是:沧海云帆心舞飞扬。通过制作历史小报,不仅培养了一种动手制作课件的能力,更使他们在创作的过程中深刻领悟到中华民族数千年各个时代中涌现出来的民族英雄的历史作用和意义,并打成共识:要以民族英雄的精神为榜样,努力学习现代信息科学技术,从小立志报效国家的雄心壮志。	喜欢制作电脑小报的学生。
4. 萤火虫故事会	10课时,给你一双想象的翅膀,你会飞得更高吗?如果你对自己的声音有信心,能够较好地把握角色思想,那么加入我们吧。读书、听音、讲故事,一起徜徉在故事的海洋里吧。	普通话标准,喜欢朗读、表演。

社团名称	课程介绍	报名要求
5. 步步精心钩艺社团	10 课时,钩针艺术历史悠久,绚丽多姿的钩针织物,以它既美观又实用的特点深受人们的喜爱。钩艺社满足你对经典手工艺的兴趣爱好。	有耐心、动手能力强。
6. 七彩编织社团	10 课时,《七彩社团——棒针编织》课程通过一系列的学习和活动让学生学会棒针编织的基本技能,使学生们在实践活动中走近蕴含深厚民族思想和精华的编织文化,在专心编织的过程中,体味着制作过程的乐趣,尤其是当看到自己制作的成果,受到亲朋好友、老师和同学的赞美和羡慕时,那种成就感和喜悦感是难以用语言来描述的。	热爱编织,动手能力强。
7. 蓓蕾舞蹈社团	20 课时,舞蹈社团以培养学员的艺术欣赏、舞蹈表演能力为主,使学员的课外生活丰富多彩,在学习舞蹈的同时提高艺术气息和完善自身形体,使学员们不仅受到很好的教育,也得到良好的艺术熏陶,成为新一代全面发展的优秀人才。通过民族舞教学带动了学校的特色文化建设、推进了学校的两纲教育,形成了学校文化建设中的璀璨奇葩。	热爱舞蹈,有基础者优先。
8. 水叮当合唱社团	20 课时,水叮当合唱团是一个充满了青春与活力,团结又快乐的社团,音乐像一粒种子,伴随着悠扬的歌声把爱与快乐深深埋入了所有小队员的心田。在近四年的历程中,从它留下的点点足迹,我们可以清晰地看到这棵青青小苗在茁壮成长。	热爱音乐;有较好的音准及表现力。
9. 田径社团	20 课时,田径课程是以走、跑、跳、投等多种身体练习为基本手段,以竞技性、健身性、实用性练习项目为主要内容,以发展人的基本运动能力和生存生活能力、促进身心健康全面发展为主要目标的基础性体育实践课程。通过学习该课程,可以使学生具有田径运动和健身的基本能力,养成进行体育锻炼的习惯。	有一定的运动基础,在小学阶段参加过区级田径比赛的最佳。

社团名称	课程介绍	报名要求
10. 篮球社团	20 课时,本社团的篮球精神:掀起校篮球风暴,展现迎中学子风采。本社团的篮球精神要同学们一知道:身高不是问题,只要你在全心拼搏再高大的对手遇到你也会低下高贵的头;明白:成功并非一朝一夕,从迎中毕业的时候你就是班中最好的;记住:生活中要低调,球场上要霸气,相信你一定能对付进攻倒计时和双人防守。相信你会为团队带来些不一样的东西。相信抓紧机会的表现相信速度和控制力,相信你生来就属于篮球。相信永远都有进步的空间。	有较好的身体素质,热爱篮球运动,吃苦耐劳。
11. 玩转天下魔方团	20 课时,社团注重引导学生动手动脑,创造一种轻松活泼、主动探索的学习氛围。让学生在玩中学,学中做,激发学生的创造性和求知欲,激励学生在活动过程中提高自己发现问题、解决问题的能力,培养学生崇尚科学、热爱科学的基本素质。	喜欢挑战自己,热衷魔方等益智玩具的同学。

说明:

1. 课程学习目标:

通过拓展型课程的学习,学生能够:

● 进一步加深对自我的认识和体验,感受生命的可贵。

● 发展主体意识,初步学会自主选择适合自身特长、符合自身兴趣、有利于自身发展的课程,提高自我规划和自我管理的能力,具有个体学习的学习经历、经验和体验。

● 拓宽各学习领域的基础知识、提高基本技能,形成收集、处理和运用信息的能力;运用知识解决实际问题的能力,表达、交流和合作能力。

● 具有学习兴趣和爱好,逐步形成良好的个性心理品质和健全人格,形成诚信意识、公民道德意识和社会责任感。

● 初步形成勇于探索、不断进取、敢于创新的精神,关心国家大事,适应身心发展和时代的变化,为终身可持续发展奠定不同的基础。

2. 设置原则:

基础性原则:以基础学科为主线,在学科内容上进行拓展,拓宽学生视野,丰富学科知识。这一原则适合于语文、数学,物理、化学、外语等统考学科。

综合性原则:以学科之间的联系,加强学科整合,培养学生学会观察,学会联想,学会比较的能力。这一原则比较适合于生命科学、综合科学、历史、政治、地理等基础学科拓展出去的学科。

开放性原则:以基础课程为主线辐射的其他学科或领域知识的拓展,使学生能横向认识社会,认识自然,陶冶情操,学会做人做事的本领。这一原则较适合于音乐、美术、体育与保健、计算机、环境保护、社会热点等方面的内容。从内容开发上要遵从满足学生的学习需求、促进学生的全面发展的根本宗旨,更着力于发现学生之间的个体差异并提供尽可能丰富多彩的课程对策和评价。

3. 课程内容选择原则:

广域性:可涉及各个方面的内容,主要体现在"七个"领域(语言文学、数学、自然科学、社会科学、艺术、技术、体育与健身),也不局限于教材。

多样性:课程内容可分为知识类、技能类、拓展类、活动类。

选择性:课程内容的选择应符合学生的年龄特征和认知规律,随意性不可太大。

层次性:应遵循认知规律和各种因素,比如知识结构,年龄特征、心理变化等,要考虑学生的可接受性并符合学生的学习兴趣。

动态性:课程内容具备动态性,给学生提供可发展的空间和继续学习的延伸内容,所以在选择拓展课程时,不一定要完整,而应有发展性、可学性。

社会性:课程内容要符合时代的需要,社会发展的需要,人民健康生活的需要,社会主义建设的需要,学生健康成长的需要。

自主性:学生根据自己的兴趣自由选择自主型拓展课。

4. 每学期开学初,教学处、课程开发中心及拓展型教研组向学生

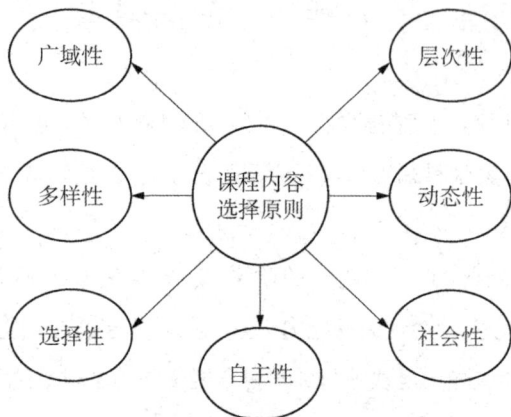

图 4 - 4

提供本学期的拓展型课程简介,包括学习内容、主要特点、学习方式、选修条件、教师状况等方面的介绍。

5. 学生可以根据自身爱好和个人基础,对本学期的自主拓展型课程进行选择。如果学生本学期选择了一门 10 课时的科目,需再另选一门 10 课时的科目(下学期上该科目的拓展课)。

6. 教学处根据学生选择课程的结果及学生对课程的评价,安排每学期的拓展型课程内容。

7. 每位学生每学期选择一个科目学习,在规定的课时中,学生采用走班修习。

8. 拓展型课程分科学技术类、社会人文类、生活技能类、艺术健身类和专题教育类。采用自编校本教材。

表五、《展能》模块自主型拓展课程(学生学习素养培育项目)安排:

表 4 - 9

学科组	2013 学年第一学期
科技	第三届飞叠杯大赛
政治	"徜徉知识海洋　秀出青春年华"迎园中学谁能一站到底首届知识竞赛
生命	"民以食为天　健康每一天"第二季

学科组	2013学年第一学期
历史	走进嘉定博物馆
地理、科学	环保节电行动——积少存多
探究	文明礼仪伴我行
艺术、信息	我舞蹈,我快乐、影动童心好戏连台
体育	2013年第十四届校运动会

表4-10

学科组	2013学年第二学期
科技、地理、科学	"第三届魔方大赛"创意魔方篇
政治	"炫丽青春 超越梦想"第二届主持人大赛
生命	"绿色行动(第三季)"校园植物识别活动
历史	"笔底波澜现风云,方寸之间显智慧"优秀历史漫画评比
探究	我的汽车梦
艺术、信息	我舞蹈,我快乐
体育	第三届三人制篮球比赛

说明:《"学生学习素养培育项目"项目管理要求细则》

1. 指导思想:

为了更好地创造有利于学生培养的校园文化环境,提高学生的综合素养,充分发挥学生在素质教育中的主体作用,平等地为学生提供展示、创造和成功的机会,培养学生的创造思维和创新能力、竞争意识和超越意识,学校决定对学生学习素养培育实行项目式管理,按照本细则实施。

2. 具体要求:

● 项目负责人:非统考学科教师(指只任教非统考学科的教师)。

每个项目实施以学科备课组为单位,也可不同学科备课组合并为一个单位。每单位推荐一名教师为项目策划人及负责人,其余成员负责参与共同实施项目。

● 项目策划及实施要求:

项目的策划必须以"快乐迎中人,和谐新团队"为宗旨,符合学校"民族文化培训工程及生命教育"的需要,有创造性、发展性、高品位、高层次的校园文化活动,体现学科特色,尽可能结合拓展型课程、科研或区层面的活动要求等。

各项目策划书采用学校标准策划书样式,必须将"活动名称、项目主要负责人、参与人员的分工情况、活动目的或意义、经费预算、参与学生、实施规程、分阶段活动内容等"如实写清楚。

项目活动实施时间长短根据活动策划而定,但必须在每学期的第18周前完成实施。项目负责单位要尽可能地记录好活动内容,收集材料,包括照片、学生活动感想、活动结果等。

每学期结束前进行项目集中汇报、评审工作。各项目负责人和参与成员共同进行阐述和展示,届时上交策划书、书面汇报材料(含照片、活动内容记录等)。

● 项目评审标准

表 4 - 11

要求	分值
1. 活动设计和活动方式围绕学校发展方针,能够对学生的民族精神教育和生命教育起到积极的作用。	1～2 分
2. 活动的实施能最大限度地挖掘学生自身的创造潜能,并且适合学生现有的知识结构和水平,具有较强的操作性,体现学科特色。	2～4 分
3. 具备完整和有创意的策划、合理的进度安排、详细的组织方法、系统的总结阐述和展示。	3～6 分
4. 注重点面结合,活动效果能成为学校特色活动,能上升到区级层面进行展示。	1～4 分
5. 团队协作能力强,参与人员责任心强。	1～2 分

● 根据评审结果给予相应的非统考学科教师工作评价表中的教学实绩分数。其中,评审委员各评价分数总和除以人数得出的分数,作为活动项目策划人及负责人的评价分数;其他参与成员的评价分数,按活动项目策划人及负责人评价分数的80％折算得出;未参与活动项目者不得分;在阐述和展示时未呈现出参与部分者不得分。

● 项目评审委员会成员:

组长:校长

组员:全体行政人员及年级主任

● 本项目管理要求细则未尽事宜解释权在校长室。

表六、《展能》模块探究型课程安排：

探究型课程总目标

整合学科资源、社区资源以及信息网络资源、科技教育资源，密切课程内容、学科学习与学生的学习经历和经验之间的关系，让学生走进社会、走进生活，感知和体验科学研究的过程，重视过程积累，提高竞争、合作意识，增强社会责任感，培养勇于面对挫折战胜困难的意志。培养学生能：

● 亲近和接触自然、考察和参与社会、关注和反省自我，获得对自然、社会和自我的体验，初步形成对自然、社会和自我的整体认识。

● 经历问题研究的过程，获得研究活动的体验和经验，初步掌握研究问题的方法。初步具有发现问题、探究问题和解决问题的能力，收集、处理和运用信息的能力，自我规划、自我管理和自我发展的能力，合作、交流和表达的能力。

● 养成科学态度、科学精神、科学道德和人文素养，树立正确的价值观。发展创新精神，形成合作和分享的意识，具有公民意识和社会责任感。

1. 六年级教学内容和单元目标

学习目标：

学生在老师的指导下，学习有关的成功案例，学会从生活中观察、发现、提出问题，并初步学会查找资料，在老师的指点下整理分析资料，并尝试多渠道、多方法收集信息，完成内容较为单一的资料报告。参与活动过程，体验小组角色所应承担的责任和义务，了解人际合作交流的途径。

表 4 - 12

第一学期教学内容	单元目标
1. 迷人的动画漫画	（1）通过学习实例，了解开展问卷调查的一般方法。 （2）经历"确定调查目的—制订调查计划—设计问卷—实施调查—统计与分析问卷数据—得出结论"的调查过程。 （3）了解同学对动画和漫画的看法，并能作出自己的分析。 （4）尝试与人交往，勇于面对困难。

第一学期教学内容	单元目标
2. 探寻国旗、国歌和国徽的诞生	(1) 了解国旗、国歌和国徽的有关知识,激发对建国历史的探究兴趣。 (2) 体验"确立课题—确定研究方案—查找资料—整理、分析资料—撰写报告"的探究过程。 (3) 培养团结合作的精神、热爱祖国的情感,接受爱国主义、集体主义的熏陶。
3. 初中学生的课外阅读情况	(1) 通过调查了解本校初中学生课外阅读情况,并作出自己的分析。 (2) 了解并体验进行问卷调查的一般过程,即:确定调查目的—制订调查计划—设计问卷—实施调查—统计与分析问卷结果—撰写调查报告。 (3) 培养人际交往的能力和语言表达的能力。

表 4-13

第二学期教学内容	单元目标
1. 中学生使用网络情况调查	(1) 能围绕调查目的,确定调查内容、调查对象,设计合适的问题。 (2) 学习数据整理和分析的一般方法,在分析的基础上得出结论,并撰写调查报告。 (3) 在实际调查的过程中积累与人交往的经验,在实践中培养学生对各种随机事件的应变处理能力。
2. "诚信伴我行"主题班会 DIY	(1) 能选择同学们感兴趣的话题作为班会主题,并围绕主题选择恰当的活动内容和形式。 (2) 经历和体会"确定主题—确定活动形式和内容—形成活动方案—完善方案设计"策划活动的基本过程。 (3) 能利用调查、网络、书籍等多种途径收集资料。 (4) 具备较强的团队意识和合作精神。
3. 我的汽车梦	(1) 初步了解汽车的发展历史;能够发挥创意,设计未来汽车。 (2) 了解并经历"确定课题—确定研究计划—查找资料—得出结论—撰写读书报告"的探究过程。 (3) 尝试查阅资料、整理资料和筛选资料。 (4) 激发探究的兴趣。培养团结合作的精神。

2. 七年级教学内容和单元目标

学习目标:

能较为独立地发现和提出问题,并初步学会对问题进行筛选,向课题转化,掌握网络资料搜索的方法和相关资料的下载保存技能。能完成内容较为丰富、形式较为客观的课题报告和体验小结,初步体验问题探究的过程,形成较为合理的组合,主动自觉地完成自己的任务,也能关心了解组员的工作情况,建立较为默契的合作关系,形成同伴间交往的能力。

表4-14

第一学期教学内容	单元目标
1. 认识生物入侵	(1) 对各种外来物种的名称、生物学特征、入侵方式、入侵和扩散原因、危害等形成较全面和深入的了解。 (2) 针对生物入侵现状,思考如何预防、控制和消除外来物种的侵害。 (3) 提高阅读和整理文献资料的能力。 (4) 了解生物入侵与生态平衡的内在联系,感悟生命的顽强与脆弱,关爱生命,关爱环境。
2. 保护藏羚羊	(1) 了解反盗猎藏羚羊工作的基本思路和内容,理解人与动物和谐共处的意义,增强社会责任感和环保意识。 (2) 提高通过多种途径收集资料和整理资料的能力。 (3) 能对影响事物的因素进行分析,有针对性地找出问题的方法,并提出自己独特的观点。 (4) 增强团队合作精神。
3. 初中生离父母有多远	(1) 了解当前初中生和父母间存在的问题,尝试为消除初中生和父母间的隔阂、缓解彼此间的矛盾找到合适方法。 (2) 能合理确定访谈对象,并对访谈结果进行整理和分析。 (3) 对任何处理好初中生和父母之间的关系有更多认识和了解,并能结合自身的实际情况,在日常生活中努力改进个人行为。 (4) 能体谅与尊重父母,养成感恩和惜福的良好品质。 (5) 增强与人交往的能力及团队合作意识。
4. 家庭节水方案	(1) 对家庭日常生活中的用水情况有所关注和了解。 (2) 能够结合家庭实际情况,针对发现的问题提出最佳的、合理的解决方法。 (3) 学习制订切实可行的节水方案。

表4-15

第二学期教学内容	单元目标
1. 长大后我就成了你	(1) 能主动收集访谈对象的基本信息,为正式开展访谈做好准备。 (2) 能根据访谈目的设计访谈问题,并根据重要程度区分必问题和机动题。 (3) 了解访谈技巧,并能在访谈过程中适当加以运用。

续　表

第二学期教学内容	单元目标
	(4) 积极参与小组合作探究,提高与人交往的能力和语言表达能力。 (5) 增强对职业、人品、成才的认识,更加准确、坚定地树立人生理想,制订适合自己的目标方案。
2. 关注心理健康	(1) 能关注同龄人的心理问题,增进对同学和自我的了解,并分析问题产生的原因,进行正确的疏导,努力塑造健康心理。 (2) 能分析个人特点和能力水平,选择适合自己的角色,经历和体验制作和播出广播节目的基本过程,并体会不同角色的工作内容、方式及特点。 (3) 具备较强的团队意识和合作精神。

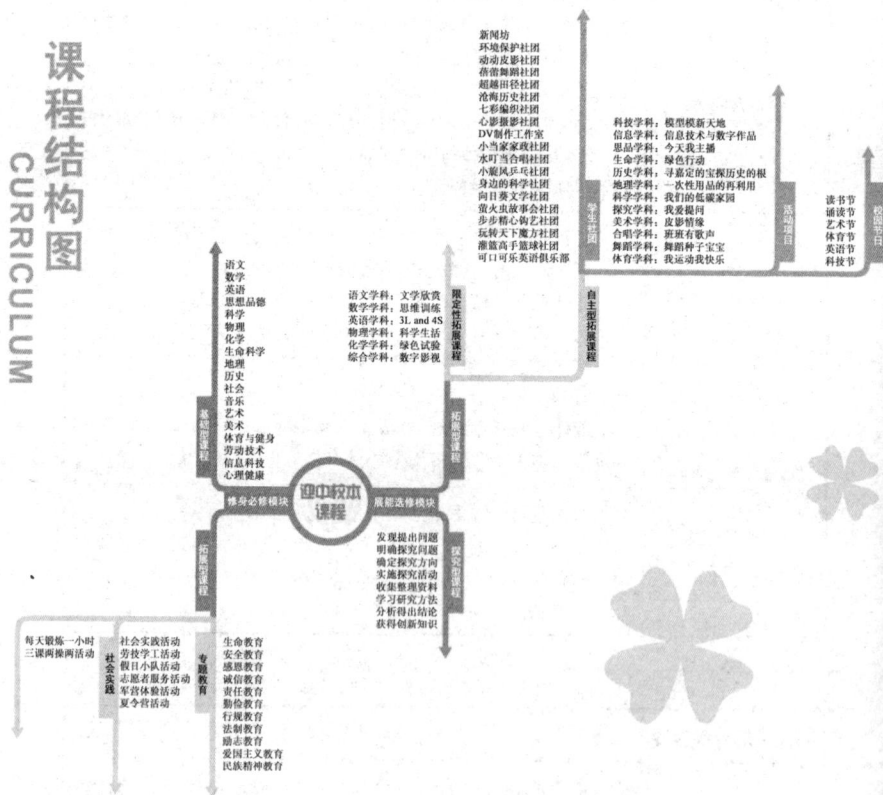

图 4-5

第七部分　课程评价

树立"评价即学习"、"评价即研究"的观念，充分发挥评价的三大功能：定向、激励与为调整功能，设计科学合理的评价方法，为决策提供有效信息。

一、把评价当作学习的过程，促进学生全面发展

对学生的评价本着"把评价当做学习的过程"这一原则，不管以何种形式进行评价，不论是标准化评价还是表现性评价，不论是笔纸测试还是成长记录袋，不论是教师评价学生还是评价主体的多元，都要给学生及时、积极与个性化的反馈，尽量就评价的时间、内容和方式与学生进行协商，满足个性化发展的需求。以评价提高学生的学业成绩、发展良好的学习态度、树立积极的学习信念。

（一）科学设置学生成就目标，引导学生全面发展

所谓学业成就目标就是个体在学习过程中追求的目标，它直接影响学生的学习行为、学习情感和学习成绩。个体领域的学业成就目标可以分为学术目标和亲社会目标。学术目标主要指向自己，如为了追求知识与技能、社会地位等，包括过程取向的学习目标和结果取向的目标。亲社会目标指个体出于所在群体的利益而学习，目标指向他人，有时会超出学习本身的范围。

迎园中学不仅要指导学生设立合理的学术目标，还要引导他们设立为他人、社区、社会乃至全人类服务的社会目标。

（二）积极探索多元评价方式，有效反映学生成就与发展

重视定量评价与描述性的定性评价相结合。既要对学生的学术

成就进行量化,便于比较和分析,也要重视促进学生进行个性化的描述性的评价,以助学生自我反思。

把学生学业成绩与成长记录相结合,完善综合素质评价体系:主张评价主体的多元。包括学生自评、互评、教师评价、家长评价、社会评价等多种评价,从各方面反应学生的发展,促进学生全面发展。

(三) 重视对学生非认知因素的评价

非认知因素又称非智力因素,是指人们在进行各种活动时除智能因素以外的但对智能的发挥或发展有影响的心理因素。它主要包括动机、兴趣、情感、意志、性格等,具体说来它有以下一些心理因素所组成:成就动机、求知欲望、学习热情、自信心、自尊心、好胜心、责任感、义务感、荣誉感、自制性、坚持性、独立性等。迎园中学在这方面已经做出了许多探索,如"德育积分制评价方案的实践研究"。

(四) 利用信息技术,对评价信息进行有效利用

信息技术在现代评价中已经得到广泛的运用。迎园中学在这方面已经做出尝试。2014年3月起迎园中学与上海思来氏信息咨询有限公司共同合作,合作项目名称:《实施基于信息化学生素养评估后的个性化生涯规划信息系统》并被上海市教委立项,项目类别:教育评价2013B47,项目批文:沪教委科[2013]54号。我们希望通过先进、前沿的信息技术手段,在各类课堂与校园经历中采集学生的行为数据,以期达成两方面的目的:1. 培养教师能够从真实、客观的学生行为记录中解读学生的学习状态与进程的能力,改变教师仅仅依靠经验来观察学生的现状;2. 通过记录学生在不同学科、拓展型课程、各类活动中的微观表现,建立分析模型,找出每一个学生的兴趣与潜能所在,为学生的生涯规划指导提供科学的数据依据。

1. 建立学生成长档案

传统的学生档案包括个人与家庭基本信息,学校与教师相关信息,各门各科的考试成绩,奖惩记录,身高体重等生理数据,医疗信息与保险信息,以及其他类别的评估数据。这些数据侧重于学生的学业

发展水平和生理健康等外层信息,但对学生本身,如品德发展、身心发展尤其是心理健康、兴趣特长养成、学业负担状况、家庭内部情况以及课外经历等少有记录。

学生电子成长档案是高度个性化的,基于 WEB 的信息管理系统,它以电子方式储存和展示学生学习成就或持续进步相关的一连串表现、作品、评价结果及其相关记录和资料,产生于 20 世纪 80 年代的美国,后逐步扩展到世界各地。

利用多元信息技术,建立学生档案,为学生记录下以顶层框架设计为标准的成长数据,"将定量评价与定性评价相结合,注重全面客观地收集信息,根据数据和事实进行分析判断,改变过去主要依靠经验和观察进行评价的做法",这可以为教育质量综合评价提供全面的数据支持。对学生个体来说,成长档案可以洞见其个人真实,描绘成长轨迹,这对个人来说无疑是份珍贵的纪念册。

2. 填补教育数据的空白

目前的教育数据在记录内容上存在空白。传统教育数据记录的是周期性、阶段性的数据,如学生整体的学业水平,身体发育与体质状况,社会性情绪及适应性的发展,对学校的满意度等等。这些数据没有科学的顶层框架设计作为指导,信息记录不成体系,不够全面。

同时,目前的教育数据没有真正发挥作用。不管是以纸为载体存储的档案信息,还是电子档案,二者本质上没有太大差异——此类数据受限于挖掘方式、采集方法、内容分类,采信标准、记录者、记录形式、保存方式等因素,仍脱离不了分散、块状、孤立、主观的缺点,因而形成了一个个"教育数据孤岛"。"孤岛"的特点是孤立存在,与外部没有交流渠道。这一比喻形象地说明了当前教育数据的现状,即较难实现统计分析和共享,在事实层面削弱了其使用价值。

通过学生档案的建设,首先,可以在顶层框架的指导下采集充分的数据,如学习基础素养,这些数据从前是没法采集亦未曾想到能够采集的,填补了教育数据的空白。其次,学生档案的建设在国际前沿的教育大数据理念的指导下,借助信息技术产品和手段,将获得的数据放入一个数据库中,相当于在"数据孤岛"间进行桥接,打通了横向纵向各维度的数据链,这对班级、年级、学校和学区层面来说,学生档案的建立能有效积累数据,帮助管理者和决策者以最快速度纵览全局,发现问题,改善管理或提供政策支持。

3. 实现个性化教育

实现个性化教育,首先是承认学生存在个体差异并发现差异;在科学方案的指导下,积累一定量的学生数据。从工具层面到底层数据库层面保障了数据采集的质和量,且操作简单,可重复收集。

实现个性化教育,其次是要科学地运用采集得的数据进行统计分析,归纳比较,找出特殊,实施个性化指导。这也是最重要的环节。如通过分析学生的身高、体重、心肺功能、肥胖率等健康数据,及时关注和干预那些身体不够健康的学生,并设计饮食方案、运动方案等,实现学生健康成长,减少后期的教育投入。再如通过对学生借阅书籍记录的分析,可以适当调整学校藏书的数量和种类,避免出现重复购书、无序购书、藏书与学生需求不吻合等情况,学生电子成长档案的信息提供了非常有价值的参考。

学生档案的建立助推个性化教育的实现,有着重要的现实意义。第一,其个体意义体现在个性化教育的实现要挖掘学生的特质和潜能,洞见学生的真实需求。有了全面而详尽的学生档案,个性化教育的实现才有据可依,才能选择合适的教育方案,充分发挥其潜能,从而实现对学生特质的尊重和个性的解放。第二,其实践意义表现为学生档案给老师和家长以科学指导,让老师和家长不再面对学生的学习问题、成长问题束手无策,为老师和家长提供正确的教育方法和建议。第三,从区域层面来说,个性化教育是教育改革和发展的必然逻辑,是对教改潮流的一种回应,更是对人的发展规律的尊重与顺应。

二、把评价当作研究的过程,不断完善课程方案

在泰勒目标为本的课程评价模式的基础之上,吸收其他评价模式的长处,弥补泰勒模式的封闭性与其静止的知识观的偏差,建立一个可循环、开放、以学生为本的课程评价模式。

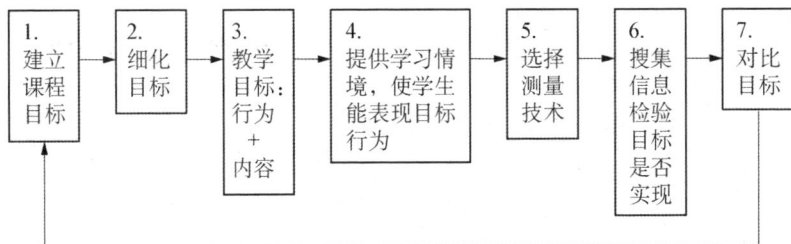

图 4－6

使用目标为本的课程评价模式要注意：

知识的本质在于使人可以运用知识进行创作性的思维，因此课程应考虑知识中的不确定性，鼓励个体化、富于创造性的学习，而不是把学习作为满足预定目标的尝试。

目标与结果彼此相关，容易使人只关注评价结果的终结程序上，而忽略过程。因此，根据 CIPP 模式（context，input，process，product），我们不仅应该关注结果（Product）还应该有背景评价，即提供整个课程方案运行的各种依据和信息，了解评价对象的需要与课程目标之间的一致性程度；输入评价，即通过对可供选择的各种课程计划进行评价，帮助决策者选择达到目的的最佳手段，即可行性评价；过程评价：通过记录课程实施过程，为决策者提供修正课程方案的有效信息。

仅以目标作为评价的起点和终点使课程计划陷入预测模式之中，而其他步骤中有价值的东西以及目标外的结果却被忽略了。

评价的指向不应该只是课程计划满足目标的程度，而更应考虑课程计划满足需要的程度。

三、注重评价的激励功能，促进教师专业成长

（一）建立教师成长档案袋，并建立电子教师档案馆，便于教师观察与反思自己的变化与成长

教师成长档案袋包括教师自认为最能代表其水平的教案、教学反思日记、公开课录像、论文、同行评价记录、学生评价记录等。

（二）注重表现性评价，成立"四课制"，促进教师间的交流与学习

"四课"即新到教师汇报课、青年教师展能课、中年教师特色课和资深教师示范课。四课制活动，就是让每一个教师均能在"课"中找到自己的位置，获得自我的持续发展。

（三）坚持评价主体多元，以教师自评为主，学校管理者、同事、学生、家长共同参与的评价制度

帮助教师从多渠道获得信息，促进教师不断分析和反思自己的教学思想、教学态度和教学行为。

要了解一所学校可以有很多视角。比如看教育理念,看软硬件水平,看社会声望,看生源,看考试成绩……但还有一样东西,虽然不大,却可以从中窥见一所学校的独特气质,那就是——课程。从学校的角度看,课程是一个学校的育人理念、教育资源、师资队伍、教学能力、硬件水平等各方面的综合体现。每一名学生都是不可复制的奇迹。

磁力线课程:用富有吸引力的课程为学生的成长助力

精彩课程:让每一人都是精彩之人　让每一日皆为精彩之日

第五章

飞翔,让生命舞出精彩

要了解一所学校可以有很多视角。比如看教育理念,看软硬件水平,看社会声望,看生源,看考试成绩……但还有一样东西,虽然不大,却可以从中窥见一所学校的独特气质。

那就是——课程。从学校的角度看,课程是一个学校的育人理念、教育资源、师资队伍、教学能力、硬件水平等各方面的综合体现。

每一名学生都是不可复制的奇迹和独特存在,是有独立人格的、生动活泼的生命个体。尊重学生,珍视学生,呵护学生,是教育的职责;研究学生,发现学生,引导学生,从学生出发建构适合学生生长,助力学生发展的课程,是教育者的义务与责任。

上外嘉定外国语学校在"精彩教育"的办学理念和"让自己更精彩"的核心价值选择的引领下,尊重学生的个性差异、从学生需要和兴趣出发,基于学生的潜质与生命情愫,建构多元、开放、可选择的自主发展课程体系,为学生的自由生长提供服务和支持。

学校独特的教育哲学思想和办学理念,是形成课程特色的第一步,学校课程图景的建构,应有学校独特办学理念的内涵。曹杨二中附属江桥实验中学的"磁性课程",一种充满新意、富有吸引力的课程,回归教育原点,主张成长比成功更重要。植入现代教育理念,用富有磁性的课程为学生的成长助力。

学校整个课程体系就像一个大磁场,各类课程之间,课程与课程之间相互贯通,相互联系,相互作用,相互吸引。巨大的磁性有利于激发学生主动学习和探索的欲望,使孩子与知识之间产生美妙的磁性变化。在满足学生发展需要的同时,也促进了教师的专业发展。

他们的经验向我们展示了勇气与智慧,学校如何通过顶层设计,将传统与现代、本土与世界有机融合,服务于培养现代公民的一个范例。

飞翔,需要勇气。飞翔,不仅仅是时间、距离的改变。从踏入校园的那一天起,为求学求真,带上一颗纯真美好的心,一路飞翔,让生命成长。

磁力线课程：
用富有吸引力的课程为学生的成长助力

上海市曹杨二中附属江桥实验中学创建于 1958 年,占地 42.5 亩,建筑面积 1.2 万平方米,环境优美,绿意盎然。学校现有 24 个教学班,学生 935 人。教职工共 86 人,专任教师 75 人,本科及以上学历教师占 98.6%(硕士研究生 6 人)。高级教师 14 人,占 18.7%,35 周岁以下教师占 43%。其中入选市"双名工程"学员 2 名,区名师工作室学员 7 名,区、镇、校骨干教师共 17 人,形成了一支结构合理、业务精良的教师团队。

第一部分　学校课程哲学

一、学校的教育哲学：奠基教育

我校早在 2007 年就提出了"重在奠基,和谐发展"的办学理念,数年来,重在奠基的思想不断深入人心,并已逐步落实在师生行为中。2014 年,在品质教育的大讨论中,我校进一步提出将"奠基教育"作为学校的教育哲学,使办学理念上升为学校的办学思想,使学校的所有工作都围绕这一核心开展。

二、学校的课程理念：用富有磁性的课程为学生的成长助力

围绕着"奠基教育"，我们思考，应该在哪些方面为学生奠基？如何通过课程来落实奠基教育？为此我们确立了学校的课程理念——"用富有磁性的课程为学生的成长助力"，即加强基于奠基教育的"磁性"课程建设，用富有磁性的课程和课堂为学生奠基，从而为学生的社会化发展、个性化发展奠定坚实的基础。

——课程即情绪体验。"磁性"泛指吸引力，它是互动的、连续的、充满张力的。"磁性课程"即有趣味、有新意、富有吸引力，具有黏性的课程。

——课程即需求回应。"磁性课程"是一种适合学生、贴近学生、满足学生学习需求的课程。

——课程即生命眷注。"磁性课程"回归教育原点，主张成长比成功更重要。

总之，我校"磁性课程"的标准：(一)课程内容注重奠基，实施形式力求新颖。(二)学校整个的课程体系就像一个大磁场，四大类的课程就是四条磁力线，各类课程之间，课程与课程之间相互贯通，相互联系，相互作用，相互吸引。(三)这个磁性的教育场有利于激发学生主动学习和探索的欲望，使孩子与知识之间产生美妙的磁性变化。在满足学生发展需要的同时，也促进了教师的专业发展。(四)让每一个学生都能根据自己的特点选择自己感兴趣的课程，基础素质和个性特长得到充分的发展，为未来的发展奠基。

第二部分　学校课程目标

一、培养目标

　　我校的育人目标是：会做人，会学习，会生活，有特长，我们简称

"三会一有"。具体如下：

——会做人：立德树人；

——会学习：化识为智；

——会生活：学以致用；

——有特长：个性发展。

二、课程目标

学校课程目标是：夯实基础，关注个性特长，将学生培养成为"会做人，会学习，会生活，有特长"（简称"三会一有"）的合格初中毕业生。

分阶段课程目标：

(一)"学会做人"课程系列

目标：确立"爱国、敬业、诚信、友善"的核心价值观。

六年级——做友爱善良的好心人；七年级——做诚实守信的厚道人；八年级——做堂堂正正的中国人；九年级——做敬业乐学的现代人。

(二)"学会学习"课程系列

目标：培养良好的学习习惯和方法，提升学习能力和思维品质，为学生的终身学习奠基。

八年级——端正学习态度，养成学习习惯；七年级——掌握学习方法；八年级——培养学习能力；九年级——增强学习意识。

(三)"学会生活"课程系列

目标：让学生学会过安全、健康、有品位、有追求的生活。

六年级——过安全的生活；七年级——过健康的生活；八年级——过有品位的生活；九年级——过有追求的生活。

第三部分　学校课程体系

学校从"三会一有"四个维度（"会做人，会学习，会生活，有特长"）进行设计，开发和实施了"学科特色课程"、"实践体验课程"、"专题聚焦课程"三大类课程，形成了"三会一有""磁性"课程体系，为学生提供了丰富的课程选择和多样的教育体验。

一、学校课程结构

学科特色课程：【学科基础课程＋学科延伸课程】旨在培养学生的学科核心素养，提升思维品质。各学科形成特色课程群，可以满足各年级学生的兴趣爱好及个性化的学习需求。

实践体验课程：包括节庆教育、仪式教育、主题教育和具有校本特色的，以"责任教育"为核心的分年级递进式综合社会实践活动课程。

专题聚焦课程：即以知识教育为主，面向全体学生，分年级实施的专题教育课程。

以上三大类课程构成了具有本校特色的课程体系——"三会一有""磁性"课程体系，课程结构呈"品"字形，体现了学校对课程品质的追求。

二、课程设置

（一）学科特色课程的设置

江桥实验中学"三会一有"学科特色课程设置一览表（表 5 - 1）

表 5-1

课程领域	科目	年级	板块	课程名称
语言文字	语文	六年级	学会做人	文人与骨气
		七年级	学会做人	弟子规、三字经选读
			学会生活	经典诵读
			学有特长	我是金话筒
				汉字篆刻
		八年级	学会学习	中外近代名篇赏析
			学有特长	汉字篆刻
	英语	六年级	学会做人	西方名人故事十则
				十个最富哲理的伊索寓言
			学有特长	走进英语童话世界——童话歌曲学唱
		七年级	学有特长	英语艺术字
				经典童话配音
		八年级	学会生活	西方节日
				西方礼仪
			学有特长	经典童话表演
数学	数学	六年级	学会生活	身边的数学——生活中的数学之美
			学会学习	数学思维方法数学规律找一找
		七年级	学会做人	数学史册制作
			学会学习	数学思维方法
			学有特长	我是数学小能手
		八年级	学会学习	中学数学与探究
				数学思维方法
自然科学	科学	六年级	学会做人	科学家的足迹
		六年级	学会学习	科学小实验
	物理	七年级	学有特长	海陆空三模制作
		八年级	学会生活	生活中的物理知识
			学会学习	创造性物理实验
	化学	八年级	学会生活	化学与生活
	生命科学	七年级	学会学习	校园植物分类与命名
		八年级	学有特长	插花艺术与绿植养护

活跃的课程图景

课程领域	科目	年级	板块	课程名称
社会科学	地理	六年级	学会学习	图游天下
		七年级	学会生活	走遍中国
	历史	七年级	学会做人	中华国宝知多少
		八年级	学会做人	汲取历史人物之光
	思品	六年级	学会生活	趣味心理
		七年级	学会做人	模拟法庭
		八年级	学会学习	世界之窗
技术	信息技术	七年级	学会学习	动漫制作
	劳技技术	六年级	学会生活	巧手制作
			学有特长	四海陶艺
				毛线编织
		七年级	学会生活	百变线材编织
			学有特长	四海陶艺
		八年级	学会生活	立体十字绣
艺术	音美	六年级	学有特长	合唱
				数字油画
				硬笔书法
		七年级	学会学习	合唱
			学会生活	舞蹈
		八年级	学会学习	合唱
体育与健身	体育与健身	六年级	学会做人	中国体坛"第一"的故事
			学会学习	以棋会友
			学会生活	律动青春
		七年级	学会学习	足球的奥秘
		八年级	学有特长	羽谁争锋
			学会学习	足球的奥秘

（二）实践体验课程的设置

江桥实验中学实践体验课程设置情况表（表5-2）

表5-2

课程类别		课程名称（内容）	课程实施时间	课程时间长度	负责部门	必选年级
实践体验课程	仪式教育	开学典礼：明确目标、锐意进取	9月1日	1课时	大队部	全部
		升旗仪式：严格礼仪、规范程序，进行爱祖国、爱家乡、爱学校、爱集体	每周一	0.5课时/次	大队部	全部
		新中队成立仪式暨换大领巾仪式：爱校、爱集体、爱中学生活	8月下旬	1课时	年级部	六年级
		"成长与责任"重温队铭言仪式：明确责任，践行承诺	9月	1课时	大队部	七年级
		入团仪式：积极进取，乐于奉献，做一个优秀团队员	11月 5月	1课时	团总支 大队部	七—九年级
		"十四岁生日"青春奠基仪式：青春期教育、理想、信念教育	4月	30课时	大队部	八年级
		毕业典礼：爱校教育、感恩教育、理想教育	7月	1.5课时	年级部	九年级
	主题教育	"开学第一课"安全教育周主题活动	第一周	4课时	学生工作部	全部
		"珍爱生命 远离毒品"禁毒教育月主题活动	6月	6课时	学生工作部	全部
		劳动习惯养成教育	每周二	0.5课时/次	班主任	全部
		心理教育	每周四	0.5课时/次	心理咨询室	全部
		行规教育、文明礼仪教育、心理疏导、廉洁教育、青春期教育、环保教育等（专题教育之外）	每周四班队课	1课时/次	班主任	全部
		学生自主、自由论坛	每周五	0.5课时/次	大队部	全部
		聘请法制副校长等法制教育	9月	1课时	学生工作部	全部

课程类别		课程名称(内容)	课程实施时间	课程时间长度	负责部门	必选年级
		民防教育(结合区民防运动会)	10月	0.5课时	体艺科卫部	全部
		消防安全教育	11、9前	0.5课时	学生工作部	全部
		"向国旗敬礼"主题教育活动	10月	3课时	学生工作部	全部
		"过有意义的假期"暑期社会实践	7、8月	16课时	大队部	全部
	节庆教育	植树节、雷锋纪念日、妇女节：志愿者活动,环保教育,奉献精神教育,感恩教育	3月	2.5课时	学生工作部	全部
		清明节：国旗下讲话,宣传画廊、主题班队会	4月	1.5课时	学生工作部	全部
		青年节、端午节：国旗下讲话,体验活动	5月	1.5课时	学生工作部	全部
		儿童节：入团仪式、校主题集会、游园活动、班级联欢等	6月	3课时	学生工作部	全部
		教师节：国旗下讲话,为师长做一件事、献一份礼；"九·一八"事变：勿忘国耻、振兴中华教育	9月	1.5课时	学生工作部	全部
		中秋节、重阳节：国旗下讲话,宣传画廊、主题班队会、与父母共度佳节；国庆节：国旗下讲话,阅读历史、了解历史、各类主题宣传活动；观看形势教育大课堂	10月	6.5课时	学生工作部	全部
		元旦节：迎新活动	12月	2.5课时	学生工作部	全部
		校园读书节	3月	4课时	体艺科卫部	全部
		校园艺术节	4—6月	4课时	体艺科卫部	全部

课程类别		课程名称(内容)	课程 实施时间	课程 时间长度	负责部门	必选 年级
特色必修活动		校园科技节	5月	4课时	体艺科卫部	全部
		校园体育节	10月	8课时	体艺科卫部	全部
		校园外语节	12月	4课时	体艺科卫部	全部
		对自己负责 ◆ 走进学校,了解自我 《磨练意志 展现军姿》 《爱校 守纪 明礼》 《知校史 访校友 扬校风》 《认识我自己》 《我是校园讲解员》 ◆ 走进春天,认识自我 《学会对自己生命负责》 《学会对自己学习负责》 《学会对自己行为负责》	贯穿 整个学年	28课时	学生工作部 年级部	六年级
		对家庭(乡)负责 ◆ 走进家庭,对家庭负责 《了解家史》 《共建成长档案》 《完成爱心作业》 《"一日当家"活动》 ◆ 走进虬江河(家乡),对家乡负责 《感受社会主义新农村》 《探究文化艺术和市场经济》 《体验原生态与野餐》	贯穿 整个学年	24课时	学生工作部 年级部	七年级

课程类别		课程名称(内容)	课程实施时间	课程时间长度	负责部门	必选年级
		对他人负责 ◆ 走进社区,对他人负责 《"清洁家园,共创文明"社区志愿服务》 《共享一片蓝天——与"阳光之家"融合活动》 《"青春辉映夕阳红"关爱孤寡老人行动》 《文明交通志愿服务》 《绿色环保志愿服务》 ◆ 走进青春,对他人负责 《我与红色有约——参观国防体验馆》 《我与绿色有约——参观环保教育展、环保时装秀》 《我与能手有约——套被、叠被评比、洗碗、野炊》 《我与成长有约——十四岁生日纪念仪式》	贯穿整个学年	18课时	学生工作部 年级部	八年级
		对社会负责 ◆ 走进社会,立志尽责 《锻炼意志,放飞理想——军训》 《放松心情,放飞理想——心理辅导》 《励志成长,放飞理想——观看〈高考1977〉》 《畅游绿舟,放飞理想——主题教育系列活动》	贯穿整个学年	28课时	学生工作部 年级部	九年级

课程类别		课程名称(内容)	课程实施时间	课程时间长度	负责部门	必选年级
其他常规实践活动		雏鹰假日小队活动	每月1次	3课时/次	大队部	全部
		高雅艺术观摩	上级安排	4课时	学生工作部	全部
		电影阳光行活动	随机	12课时	学生工作部	全部
		与外来民工子女共迎新年活动	1月	2课时	学生工作部年级部	六、七、八年级
		红色经典小故事讲演活动	3—5月	4课时	学生工作部年级部	六、七、八年级
		"生活的准则"活动：开展"生活的准则"大讨论，征文、演讲比赛活动	9—10月	4课时	学生工作部年级部	八年级

（三）专题聚焦课程的设置

江桥实验中学专题聚焦课程设置情况表(表5－3)

表5－3

课程类别		课程名称(内容)	课程实施时间	课程时间长度	负责部门	必选年级
专题教育课程	道德品质奠基课程	做友爱善良的好心人《友善是美好道德的基石》(讲座)《弟子规》诵读(节选)《知爱明善——我身边的友爱善良小故事》	六(上)班队课	3课时	学生工作部	六年级
		做诚实守信的厚道人《我与诚信同行》(讲座)《诚实守信美德故事选编》《诚实守信习诵读本》《江中学生明礼诚信道德规范》	七(上)班队课	4课时	学生工作部	七年级

课程类别		课程名称(内容)	课程实施时间	课程时间长度	负责部门	必选年级
学习品质奠基课程		做自豪进取的中国人《中华国学入门》(讲座)《我们的节日——中华传统节日文化》《爱国主义教育影片鉴赏》《中国功夫》《团知识读本》	八(上)班队课	5课时	学生工作部	八年级
		做敬业乐学的现代人《励志勤学故事》《目标成就未来——生涯规划辅导》《为梦想而学习》	九(上)班队课	3课时	学生工作部	九年级
		养成良好的学习习惯《江中学习习惯10条》	六(上)班队课	1课时	教学管理部	六年级
		掌握有效的学习方法《有效预习、复习策略》《如何开展小组合作学习》	七(上)班队课	2课时	教学管理部	七年级
		提升自己的学习能力《文科、理科思维能力培养》《自学能力新方法》	八(上)班队课	2课时	教学管理部	八年级
		激发内在的学习动力《激发学习动力的策略》	九(上)班队课	1课时	教学管理部	九年级
社会生活奠基课程		过安全的生活《食品安全》《交通安全》《网络安全》《个人家居安全》《活动安全》《自护自救常识》	六(下)班队课	6课时	体艺科卫部	六年级

课程类别	课程名称(内容)	课程实施时间	课程时间长度	负责部门	必选年级
	过健康的生活 《初中生 20 个良好的生活习惯》 《初中生基本生活技能指导》 《青少年心理健康教育》	七(下)班队课	3 课时	体艺科卫部	七年级
	过有品位的生活 《礼仪教育》 《生活情趣》	八(下)班队课	2 课时	体艺科卫部	八年级
	过有追求的生活 《生活目标》 《如何制定合理的中考目标》	九(下)班队课	2 课时	体艺科卫部	九年级
个性特长奠基课程	体育、艺术、科技、语言文学类特长	贯穿整个学年	64 课时	教学管理部	六至八年级

(四)学校课程图谱说明

学校在专家的指导下开展了课程图谱研究。分析课程之间的相互联系,把复杂的学校课程通过图谱显现,现已初步形成了江桥实验中学"三会一有"课程图谱,增强了学校课程的科学性、系统性和可选择性。

第四部分 学校课程实施

一、构建"磁性课堂",推进学科特色课程的有效实施

要求各学科教研组教师按"三会一有"奠基和"磁性"课堂的要求

设计和实施课堂教学。对照江桥实验中学"磁性"课堂的标准,围绕"三会一有"的基本内容,在备课中设计磁性课堂的基本环节;在上课中落实磁性课堂的设计要求;在听评课中研究磁性课堂的实施策略;在课后反思中总结磁性课堂的成效不足。

(一) 教学改进

要求严格按照沪教委《关于加强中小学课程管理的若干意见》等6项教学工作意见和学科课程标准进行课程实施,落实教学目标,通过对目标的再设计实现教学目标的校本化。努力做到知识与技能、过程与方法、情感态度与价值观的整合实施。

(二) 过程管理

课程实施过程要加强备课、上课、作业布置与反馈、考试与个别辅导各流程,保障课程教学环节的流畅性。

(三) 作业设计

创新作业与练习的设计思路,在数理化三科开展"作业包的设计"的研究与实践。

(四) 建立教学质量分析与反馈制度

二、巧用"课程嘉年华",推进实践体验课程的全面落实

(一) 更新观念、明确认识

组织教师认真学习,从思想上提高认识,了解社会实践活动课程的理念、性质、特点、目标、内容、原则、评价及管理,明白社会实践活动课程的开发和实施不只是班主任、德育干部或领导的事。在大德育和全员德育的要求下,社会实践活动课程的开发和实践应该人人可以参与、人人有责任参与。

（二）优化方案、整合创新

树立教育创新的观念，根据学校实际情况，结合学校的办学目标、育人目标以及学校的特色建设等设计方案，采用"课程嘉年华"的形式，科学有效地开展社会实践活动。要注重几个结合：即与学校的传统德育活动相结合；与班队主题活动相结合；与学生的生活实际相结合；与学科教学相结合；与校级兴趣活动、社团活动相结合；与社会相结合。要充分利用学校的已有资源，并结合校外资源，开辟校外活动基地，发挥社区教育优势，加强学校、家庭与社区三者之间的联系。

（三）自主参与、总结提高

作为一门实践性课程，我们要大胆放手让学生参与各项社会实践活动，指导学生自主选择探究课题。应充分发挥两级管理模式的优势，放手让各年级级部组织学生畅谈自己最常做的事与自己最想做的事，由学生的问题和兴趣入手，自主开展社会实践活动，引导学生进行考察、访问、宣传、调查、收集材料等活动，从实践中发现问题、提出问题，生成研究的课题，寻找研究的方法，自主进行总结，使学生在社会实践活动中感受探究的乐趣，从而增长知识培养能力，使学生的各种素质得到提高。

三、研究"课程统整"，推进专题聚焦课程的深度实施

根据各年级学生特点和分阶段课程目标，从"三会一有"四个维度来进行设计和开发，设置"道德品质"奠基课程（会做人）、"学习品质"奠基课程（会学习）、"社会生活"奠基课程（会生活）、"个性特长"奠基课程（有特长）四类专题聚焦课程。研究"课程统整"，实施单学科、跨学科、多学科统整，推进专题聚焦课程的深度实施。

精彩课程：

让每一人都是精彩之人　让每一日皆为精彩之日

　　上海外国语大学嘉定外国语学校是由嘉定区教育局、上海外国语大学、安亭镇人民政府三方共同管理的一所九年一贯制公办学校。学校于 2013 年 9 月正式开学。学校总占地 45 863 平方米，建筑面积 28 502平方米。现有 18 个教学班，分别为 12 个小学一二三年级教学班，6 个中学六七八年级教学班，695 名学生，50 名在编教师。师资队伍优良，师德高尚，业务精湛，研究生学历有 8 位，占教师数 16％；本科学历41 名，占教师数的 82％；中学高级教师 5 名，区骨干教师 5 名，镇级骨干 4 名，校级骨干 9 名，优秀教师比例近 40％。

第一部分　学校课程哲学

　　我校"一花一世界"办学理念的核心是对生命的关注。"尊重生命的个别差异；欣赏生命的多姿多彩；成就生命的独特个性。"每一个生命的存在都具有其特定的意义，生命的意义体现在生命的成长与完善的过程之中，这一过程需要教育的关怀和指导。教育的过程就是一个促进生命不断成长和完善的过程。每一位教师要坚守教育的价值观、坚守办学理念、坚守自己的教育主张。"一花一世界"办学理念基本特征为：公平、悦纳、发展、多元。

"一花一世界"办学理念的目标——让自己更精彩！致力于个人、学校、家庭健康、快乐、自信、可持续发展，张扬个性发展，让不一样的生命绽放不一样的精彩，致力于将学校打造成生态花园、智慧学园、温馨家园、多彩乐园。

一、学校教育哲学：精彩教育——每一人都是精彩之人，每一日皆为精彩之日

基于学校的办学理念，我们建构了学校教育哲学——精彩教育。"精彩教育"以尊重人的个性为基点，以挖掘人的潜能、满足人的需要、提升人的幸福为追求，按照教育和成长的规律开展的教育实践。

我们尝试用感性的语言诠释"精彩"，描述"精彩"：

精彩是一种感觉——学习的过程应该是充满乐趣，有探索，有合作，有成功。

精彩是一种能力——用多元的课程，为学生创造尽可能多的机会，让学生在尝试与体验中，学会感受精彩、理解精彩、创造精彩。

精彩是一种追求——教育就是为学生的精彩未来做好准备，通过教育，为学生精彩人生奠定基础。

精彩是一种创造——遵循教育规律的，培养创新能力和实践能力，追求更大精彩。

我们坚信，精彩每一人、每一天，需要教育；我们坚信，教育，为了精彩每一人、每一天；我们坚信，教育，理应在精彩的每一天、每一人之中。

二、课程理念：不一样的生命，不一样的精彩

"精彩教育"之理念引领下的"精彩课程"具有以下特质：

——"精彩课程"是富含生命情愫的课程。教育是塑造灵魂的工程，没有爱就没有教育。教育的过程就是爱的过程，"精彩课程"发扬

爱的精神,相信每一位学生都是精彩的个体,发现潜质、尊重个性差异、悦纳并欣赏学生,赋予其真挚纯真的爱,让每一颗鲜活的心灵在爱的滋养与释放中欢悦。

——"精彩课程"是丰富学习经历的课程。其实,行走,是另一种的教育;实践,是最好的学习方法,引导学生知行合一,身体力行,实现多元而自主地发展,并努力创造精彩,成就精彩,在现实生活中实践积极的人生价值。

——"精彩课程"是生成、创造、开放的课程。教育的本质在于创新。"精彩课程"就是给每一个嘉外学子公平的机会,让他们以真理和光明为毕生的追求,并将它们带到世界的每一个角落,成为这个世界的希望。

——"精彩课程"是成就每一个自我的课程。生于斯,长于斯,成于斯。上海的学生,嘉外的学子,理应胸怀宽广,理应充满自信,每一个时刻都能坚信自己是独特的,是精彩的,并且能向着更大的精彩、更优秀的自我奋进。

三、课程愿景:追求学生、教师、学校的联动发展

通过"精彩教育"理念指引下的"精彩课程"实践,把学生、教师、学校发展有机地结合起来,谋求三者和谐优质地共赢发展。

——学生主动发展。以基础型课程引领学生全面发展,以拓展型课程助推学生个性化发展,以探究型课程辅助学生多元化发展。为学生营造主动、生动、互动的鲜活而多彩的学习体验,积极引导学生与国家课程和校本课程对话,在系统、全面,呈阶梯式上升的课程中进步与成长。九年义务教育是学生生命发展的关键期,一切都是未知的、可塑的,具有无限发展的潜能。"精彩课程"理应肩负起儿童生命成长的重任,充分理解儿童的生命本性,尊重其生命的生成性,挖掘其多方面的潜能,满足其生命发展的需要,帮助学生实现个人生命价值与人生的幸福。

——教师能动发展。教育的过程就是一个促进生命不断成长和

完善的过程。每位教师要坚守教育的价值观、坚守办学理念、坚守自己的教育主张。"精彩课程"要求教师深入把握课程标准,探索国家课程校本化实施的策略,围绕操作要领开展丰富多姿的课程实践活动。每一位教师都要将专业成长成为一种生命自觉,以学习滋养底气、以业绩突显才气、以特色成就名气。学校要成为每个教师时时能学习、处处能学习的精神家园。努力营造创新文化氛围,积极发挥教师共同发展愿景的激励作用,对教师的不同学习需求,提供多种形式的培训,提升教师个性化学习的能力,满足教师的成长需求。在教育实践中不断提升教师专业能力,丰富与充实教师的精神世界,让教师从教育工作的成功中获得幸福感。

　　——学校灵动发展。以现代办学理念为引领,打造一所优秀卓越的现代化学校。通过嘉外师生的不断努力,培育高品位的课程文化、滋养高效能的课堂文化、创新高规格的教研文化、营造高融合的育人文化,创设高境界的服务文化,从而实现人的发展、力的提升、校的飞跃。

学生主动发展　教师能动发展　学校灵动发展

图 5-1

第二部分　学校课程目标

　　课程是学校的核心竞争力,是学校办学特色的核心载体,只有通过课程,学校教育的价值才能得以实现。为实现"让自己更精彩"这一办学目标,促进学生自主发展,学校以"精彩课程"为载体,培养具有鲜明个性、学校印记,并能全面发展、适应将来社会发展的现代公民。

一、育人目标

　　培养具有"规则意识、合作境界、民族情怀、国际视野"的现代公

民。根据学校办学理念和育人目标提出了具体表述:

——规则意识:能自律,讲礼仪,好品行;

——合作境界:懂谦让,善合作,乐分享;

——民族情怀:有梦想,勇探究,会创新;

——国际视野:知世界,能融入,复合型。

二、课程目标

培养目标是通过课程目标去达成的,因此,为了实现培养目标,我们把"规则意识、合作境界、民族情怀、国际视野"这四个培养目标进行细化,形成低中高段的课程:

表5-4 上外嘉定外国语学校分级段课程目标

年级 项目	1—3年级	4—6年级	7—9年级
规则意识	掌握低段课程标准规定的要求,培养良好学习及生活习惯,自己的事情自己做。学会观察自己的生活环境,初步学会遵守学校记录表,爱护环境,不乱扔垃圾,注意个人卫生。形成爱班级、爱学校、爱父母、爱老师的真实情感,有礼貌讲文明的学习氛围。	懂得基本的做人道理,掌握必要的处事能力。养成良好的行为习惯,培养审美观点,并学会鉴赏。关心社会环境,能处理好个人与环境的关系,保护自然。交往得体,学会礼貌待人,使用基本礼貌用语。学会微笑,养成对自己、对班级的责任感。树立较强的自信,形成爱学校、爱社区的情感。	懂得基本的为人处事的基本准则,树立正确的人生观、价值观。明确人生的价值、意义,处理好个人与集体、社会的关系。举止文明大方,与同伴友好相处。具有基础的环保意识,认识人类与自然的相互依存关系。拥有强烈的社会责任感,具有诚实、守信的品格,培养言行一致的风格,养成10条良好的行为习惯。形成较强的自信心,充满活力,充满智慧,充满创造力。具有爱家乡、爱社会、爱国家的情感。

项目＼年级	1—3 年级	4—6 年级	7—9 年级
合作境界	乐于动脑，掌握低段文化课程标准规定的要求。基本养成听说读写的良好习惯。培养勤复习、早预习的学习习惯。能小组合作学习，初步学会交流、沟通、分享。热爱生活，敢于从日常生活中发现问题，提出问题，并能尝试去探究问题的答案。掌握基本学习方法，对问题有自己独特的看法与见解。	乐于动脑，掌握中年级课程标准规定的要求，培养浓厚的学习兴趣。进一步养成听说读写的良好习惯，能注重联系实际，初步会将所学习的知识与技能运用于生活。热爱生活，能对自然界现象等生活中的现象提出疑问，既能独立思考，表达自己的感受，有解决问题的方法与策略，又能和同伴积极合作，共同研究，探究问题的答案。	乐于动脑，保持浓厚学习兴趣。掌握课程标准规定的要求，养成听说读写的良好习惯。能熟练将所学运用于实践，学有所长。养成动脑、动手、动笔的学习习惯，培养坚韧的学习毅力。热爱生活，学习积极主动，对自己有自信，能独立思考，能表达自己的感受，表达有力的观点，有独特个性的解决问题的方法与策略。从生活经验出发，形成正确科学的学习方法，形成一定的质疑精神和创新能力。有共同学习的伙伴，有合作学习的方法，形成合作学习的策略，并达到学习高效。
民族情怀	会唱民歌，会跳民舞，感受到民族文化给自己生活带来的乐趣。精力充沛，对生活充满热情与信心。会玩1—2项民间体育类游戏活动。	参加各类传统节日，阅读各类经典古诗词，走进中国历史，感受民族文化。继续学唱民歌，学跳民舞，积极参与体育运动，会玩各种民间游戏，培养积极乐观、坚强自信的生活态度。	阅读更多经典诗词，古典作品，感受中华民族的文化和历史。在艺术类和健身类活动中，感受各民族的文化特色。
国际视野	掌握常用的英语对话，英语发音标准，对话规范。参加学校举办的各类英语活动，对英语学习有浓厚兴趣。	能主动用双语进行对话，有用英语的意识和习惯；能主动探究世界，了解各民族的文化；能参加或承担各类英语活动。	英语对话流利准确，能阅读各类英语原版书籍和影视，策划组织各类英语活动，参加海外游学。

第三部分　学校课程体系

"精彩课程"有以下三个特征：课程资源丰富,满足师生的发展需求;课程结构合理,提升师生的综合素养;课程特色鲜明,凸显学校的办学特色。

一、学校课程结构

学校用心构建"精彩课程",即立足主体、面向世界、为生命奠基的多元课程,"精"：即精细的管理、精致的教学、精巧的活动、精美的环境,使学校成为每一位师生精神成长的家园。"彩"：即多彩校园,基础型课程是主色,拓展型课程是亮色,探究型课程是炫色,德育课程是暖色,英语课程是增色,从而构成"五彩缤纷"的校本课程。精彩课程,努力让每一个人成为精彩之人,让每一日成为精彩之日,让九年时光成为学生主动发展、健康成长的精彩年华。（如图 5 - 2、5 - 3）

```
                    ┌──────────┐
                    │ 精彩课程 │
                    └──────────┘
   ┌────────┬────────┼────────┬────────┐
┌──────┐┌──────┐┌──────┐┌──────┐┌──────┐
│主色课程││亮色课程││炫色课程││暖色课程││增色课程│
│(基础型││(拓展型││(探究型││(德育 ││(英语 │
│课程) ││课程) ││课程) ││课程) ││课程) │
└──────┘└──────┘└──────┘└──────┘└──────┘
```

图 5 - 2　学校课程结构图

二、学校课程设置

根据《上海市普通中小学课程方案》,我校课程由基础型课程、拓展型课程和探究型课程组成,三类课程包括国家课程、地方课程和校本课程,体现了三级课程对学生发展的要求。

课程名称：精彩课程

"精"：精细的管理、精美的环境、精致的教学、精巧的活动，精巧的活动，从而构成了"五彩缤纷"的课程。"彩"：多彩校园，学校成为每一位精神成长的家园。"彩"：多彩校园，基础型课程是人炫色，拓展型课程是主色，探究型课程是亮色，为生命奠基的多元的新时代课程，德育课程暖是增色。英语特色课程是增色。精彩课程，是立足学生，面向世界，为生命奠基的新时代课程。精彩课程之人，努力让每一人成为精彩之人，每一日皆为精彩之日，让几年的时光成为学生主动发展、健康成长的精彩年华。

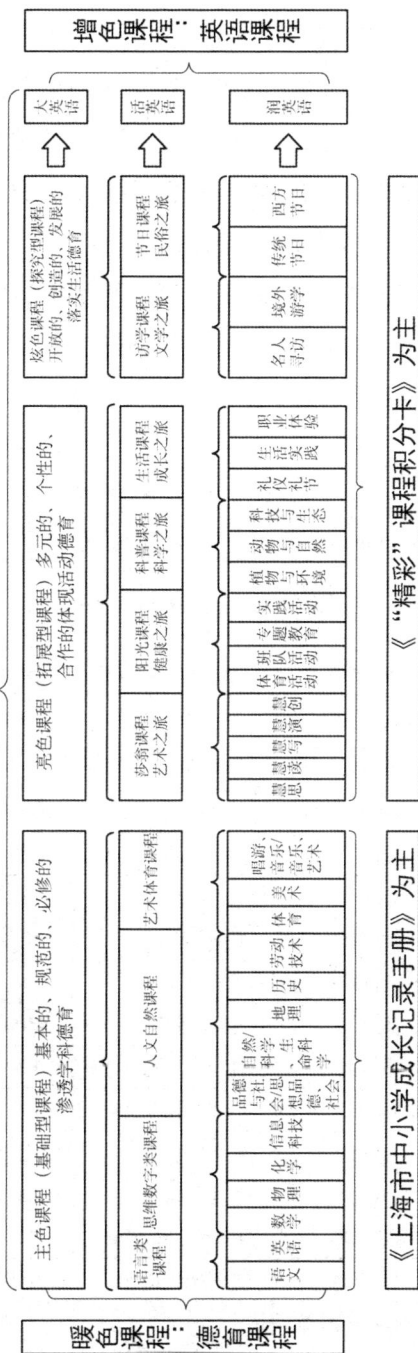

暖色课程：德育课程

主色课程（基础型课程）基本的、规范的、必修的 渗透学科德育

语言表达类课程	思维数字类课程	人文自然课程	艺休体育类课程
语文 英语	数学 物理 化学 信息科技	品德与社会 自然科学 思想品德 生命科学	地理 历史 劳动技术 体育 美术 音乐 唱游 音乐 艺术

《上海市中小学成长记录手册》为主

亮色课程（拓展型课程）多元的、个性的 合作的（体现活动德育）

莎翁课程 艺术之旅	阳光课程 健康之旅	科普课程 科学之旅	生活课程 成长之旅
体育活动 班队活动 慧读慧演与创	实践活动 数活动	植物与环境 动物与自然	礼仪礼节 生活实践 身体体验

《"精彩"课程积分卡》为主

炫色课程（探究型课程）开放的、创造的、发展的 落实生活德育

访学课程 文学之旅		节日课程 民俗之旅	
名人寻访	境外游学	传统节日	西方节日

增色课程：英语课程

大英语 → 活英语 → 润英语

图5-3 学校课程图谱

（一）主色课程

体现国家对公民素质的最基本要求（即共同基础），着重培养学生的基础学力，着眼于促进学生基本素质的发展，为学生发展性学力和创造性学力的培养奠定基础的课程。我校的主色课程主要是：语言类课程、数字思维类课程、艺术体育类课程、人文自然类课程，涵盖了国家规定的中小学必修的14类课程。

国家课程进行校本化实施，内容上可增可删，使教学内容更符合学情；课时上可长可短，大小课交叉，动静结合，使课堂更适合学生的身心发展。教法多样，评价多元，让基础型课程得以更科学地实施。

（二）亮色课程

我校拓展型课程有莎翁课程、阳光课程、生活课程、科普课程四大类，精心构建"莎翁戏剧课程群"。（见表5-5）

表5-5 上外嘉定外国语学校"莎翁课程"一览表(2015学年)

序号	课程大类	教师	科目名称	适合年级	授课日期
1	慧思	孙博	趣味数学	一年级	周三上午第1节
2	慧思	韩爱凤、黄逸佳	情境故事数学	二年级	周三下午第1节
3	慧思	武丹丹 高雁平	自然博物馆	三年级	周三下午第1节
4	慧思	裴亚莉	丹朱围棋	一、二、三年级	周三下午第1节
5	慧思	索丽萍、曹君	创智数学	六、七年级	周三下午第3节
6	慧读	包玲、张静怡	绘声绘色	一年级	周三下午第1节
7	慧读	陈宇飞	趣味"悦读"	二年级	周三下午第1节
8	慧读	陶元	小脚丫走遍大世界	三年级	周三下午第1节
9	慧读	盛海英	古诗文诵读鉴赏	六年级	周三下午第3节
10	慧读	高颖	你好，霓虹	六、七年级	周三下午第3节
11	慧读	朱美华	意象解诗	七年级	周三下午第3节
12	慧读	宓晓瑛	Reading for Fun	八年级	周三下午第3节
13	慧读	陈云蕾	走进英国历史	七、八年级	周三下午第3节
14	慧演	外籍教师、陆虹霞	I'm the Super Star	一、二年级	周三下午第1节
15	慧演	孙璐 沈晓杰	Let's act!	二年级	周三下午第1节

序号	课程大类	教师	科目名称	适合年级	授课日期
16	慧演	肖丽萍、李娜	小小主持人	二年级	周三下午第1节
17	慧演	周坚	英语合唱队	三年级	周三下午第1节
18	慧演	陈瑜、方惠	小小表演家	三年级	周三下午第1节
19	慧演	张彤炜、刘质文	"123"合唱团	一、二、三年级	周三下午第1节
20	慧演	唐维	英语配音	六年级	周三下午第3节
21	慧演	外籍教师、陈辰	Step into the World —— Abroad in Britain	六、七年级	周三下午第3节
22	慧演	王怡丽　江佳玮	莎翁戏剧表演——《李尔王》	六、七、八年级	周三下午第3节
23	慧写	何洪洁	青青文社	七年级	周三下午第3节
24	慧写	姜义军	生活与写作	八年级	周三下午第3节
25	慧动	吴潜虬	花样跳绳	一、二年级	周三下午第1节
26	慧动	管永磊	软式排球	六年级	周三下午第3节
27	慧动	钱兰英、何鹤群	灵动空竹	六年级	周三下午第3节
28	慧动	夏盈、邱弦	礼仪课程	六年级	周三下午第3节
29	慧动	孙梅荣	物理动手小实验	八年级	周三下午第3节
30	慧创	冯蔚	翼飞冲天	二年级	周三下午第1节
31	慧创	尤韵沁、张喆龑	立体纸雕	二年级	周三下午第1节
32	慧创	徐力韵	巧手折纸	三年级	周三下午第1节
33	慧创	赵桓锌	"环游"世界	三年级	周三下午第1节
34	慧创	王烨	电脑小能手	三年级	周三下午第1节
35	慧创	姚轶琛	爱摄影	六年级	周三下午第3节
36	慧创	黄丽峰	Scratch 创意设计	七年级	周三下午第3节
37	慧创	黄建青、任维炜	炫彩动漫	六、七、八年级	周三下午第3节
38	慧创	邵建军	3D 制作	七、八年级	周三下午第3节

阳光课程是直接作用于学生身心发展的课程,如学校的体育活动课、班队心理课、各类实践活动,让学生放松身心、愉悦身心。

生活课程是学校利用国旗下讲话、午会课等开展的各类礼仪礼节培训;利用节假日和寒暑假开展的生活实践活动,如种植、厨艺等;对初中学生开展"职业体验",或邀请家长做微型讲座,或在岗体验,为学生将来的职业选择导航。

科普课程是结合自然课、科学课进行的学科拓展,分阶段进行,一至二年级学习"植物与环境"知识模块,三至五年级学习"动物和自然"知识模块,六到九年级则学习"科技与生态"知识模块,从而为学生构建完整的认识自然和世界的科学体系。

(三)炫色课程

我校探究型课程有节日课程、访学课程两大类。结合中西方节日开展节庆活动、社会实践活动,通过"活动前指导,活动中引导,活动后评价",提升活动实效。开展语文、英语学科的访学活动,开拓学生视野,培育民族精神,提升跨文化的交流能力,同时发展学生创新精神、实践能力、个性特长等,充沛学生的内心世界,放飞自由的梦想。

(四)暖色课程

暖色课程是指学校德育课程群,主要包含学科德育课程、活动德育课程、专题德育课程以及隐性德育课程。

——学科德育课程。包含直接德育学科(如品德与社会、思想与品德)和间接德育学科(语文、历史、数学等学科)。用国家编写的教材,进行校本化的实施,充分挖掘各学科中的德育内容,寻找结合点,以多种方法和手段,随机、无痕进行民族精神教育、生命教育、诚信教育等。学科德育要树立"要成才,先成人;要成人,先立德。"突出一个"本"字:以教材文本;抓住一个"情"字:让每个学生享有生命的尊严、学习的权利和发展的快乐。

——活动德育课程。主要包含一至九年级的各类仪式教育活动、社会实践活动、主题教育活动、观看高雅艺术、观看电影、班队团队活动课等。学校以校园、家庭、社区为团队活动主阵地,通过开展各种主题活动,引导队员、团员养成高尚的道德情操和良好的行为规范,丰富团队活动文化的内涵。活动德育重视一个"研"字:要研究形式特点,增强德育的时代性,要研究环境特点,增强德育的实践性,要研究青少年特点,增强德育渗透性;注意一个"实"字:德育无闲人,人人育人,德育无小事,事事育人,德育无真空,处处育人;凸显一个"润"字,追求

"静待花开"的境界。

——专题德育课程。主要有值日中队体验课程、家庭礼仪训练课程、周一国旗下讲话、周一联合午会、午读、午会课专题教育、学校行为规范教育课程、各类节庆教育等。利用课程对学生进行行为规范教育、安全教育、青春期教育、时政教育、法制教育、健康教育等。在内容上针对当代学生思想活、观念新、信息灵的特点，把反映学生学习、生活及社会热点问题以及学生感兴趣的话题引入教育内容，使德育课程内容更加鲜活、容量更加大。在教学中采用学生喜闻乐见的、生动活泼的方式，突出活动、实践、体验、探索性学习等方式，创设能引导学生主动参与的教学情境，使爱国主义教育、社会公德教育入脑入心，使抽象的道德知识在学生的心灵深处得到内化，并外显于行。

——隐性德育课程。德育中的隐性课程是指作为行为主体的受教育者在各项活动中不知不觉地受到影响的道德教育。如果把整个德育工作比作一座巨大的"冰山"，那么，显性德育课程好似是那浮于水面之上的部分，它令人瞩目，但它只是冰山一角。而德育中的隐性课程犹如冰山水面之下的部分，它隐而不露、不易察觉，然而却更加雄伟，更加壮观，具有更加巨大的潜能。因此，首先要强化教师学科育人的能力，利用三类课程教学内容，整体设计，挖掘学科价值观念和道德内涵，以润物细无声的方式，把德育渗透在学校教育教学的各个方面，达成学校育人目标。其次，要关注环境的育人价值，它可以是自然景观，也可以是人文环境；可以是舆论导向，也可以是规章制度；可以是人际关系，也可以是人格魅力；可以是文化氛围，也可以是网络空间；可以是校园环境，也可以是家庭生活；可以是文艺演出，也可以是竞赛活动……可以说，环境对学生的的影响是全方位，同时也是细微而长久的。

（五）增色课程

学校充分依托与上海外国语大学合作办学的优势，努力构建符合区域特点、具备上外基因及学校自身特色的校本课程体系，进而提升学校教育教学内涵，在各学科均衡发展的基础上，着力构建"1＋X"立体外语特色课程,即创生立体课程,引进立体教材,营造立体课堂,实施立体评价,打造立体教研,全方位实施立体英语,打造学校鲜明的办学特色。

第四部分　学校课程实施

在"一花一世界"办学理念引领下,追求"唯美"的教学主张,"饱满"的教学目标,"斑斓"的教学内容,"灵动"的教学过程,"生长"的教学评价,"温润"的教学关系,从而全面实施学校"精彩课程"。

一、问题导向: 主色课程的有效实施

实施主色课程,主要运用"问题导向式教学"模式,推进"基于课程标准的教学和评价"的实践和研究,开展"先学后教　少教多学"的"生本课堂"教学改革。我们努力建构"精彩课程"理念下的新课堂,即问题坊、探究场、对话亭、开心苑、收获园。

(一) 落实课程计划,精准把握教学目标

确立教学目标的整体观。认真解读学科《课程标准》对学生学习的要求,注意从知识与技能、过程与方法、情感态度与价值观等三个维度整体把握,要突出伴随学习过程并与学习内容相对应的能力培养、思维训练和情感教育等方面的要求。

提高教学目标的有效性。教学目标要针对不同的教学内容及其具体要求,制订目标要注意结合具体的单元结构和学习内容;教学目标制订还要针对学生的实际,从学生的知识基础和认知规律着眼,在努力的前提下达成基本要求,体现目标的可行性;教学目标也要联系不同的课型或教学环节的特点,使教学目标能充分体现对学生培养适合自己学习方式的引导性,以及对学习内容与方式要求的匹配性,提

高教学功效。

（二）科学把握教材，合理处理教学内容

有效研究与分析好教材。一要重视单元内容在整册教材中的地位，加强对单元或章节中同其他相关知识的关系分析，注重教育价值。二要明确教材中教学内容的结构特点，加强对各知识要点及其层次关系和主次关系分析，注重学习过程。学科组要定期开展教材分析活动，明确每一单元的重点和难点，找到突破的方法。

针对实际使用与调整好教材。处理教学内容要从学科特点出发，注意符合认知规律，体现"抓住主线、突出重点、分散难点、安排有序"指导思路，帮助全体学生在有限时间内掌握最基本的知识与方法；其次，要遵循教材主线的精神，对教材进行合理加工与提炼，要能够"线索清晰、化难为易、化繁为简"，使教材处理实现有效性。

（三）精心策划教学，优化教学过程

具体要求如下——落实一个理念：以学定教；实现两个目标：先学后教、多学少教；树立三维导向：会学、学会、好学；呈现四个环节：问题呈现、合作探究、精讲巧练、反馈评价；把握五个要点：引在深入处、教在需要处、导在迷惑处、育在细节处、拨在动情处；落实六个活动：个体自学、同伴助学、互动展学、教师导学、网络拓学、探究研学。通过改进教学行为关照每一个学生成长，促进学生发展，提升思维品质和学习品质。

重视对学生问题意识和问题能力的培养。要注意师生民主和教学互动，要以"学生发展为本"为理念。注意精心设计学习问题，注意培养学生的质疑能力、问题解决能力以及实践能力和创新精神；问题的设计要站在学生的角度提出，要符合学生的"最近发展区"。要优化提问质量，尽量层层埋疑、步步解惑，促使学生积极思维，跃跃欲试，进而推进教学。要把提问权尽量还给学生，通过小组讨论，探索问题答案。

建立与新课程标准相适应的数字化平台、教学资源库平台，集资

源收集、存储、管理、评价、应用等功能,充分利用资源开展网络教学,进行课程开发、网络课程制作、题库管理、学业质量等管理。努力提高教师利用网络获取教科研信息和进行信息交流的能力,探索网络教研新模式,增强教师资源型学习和研究性学习的能力,开创学校教育信息化的新局面。

(四)设计作业系统,优化练习环节

作业的设计要与学生的学习实际紧密相关。基于课标,根据学生的实际设计或选择好作业,要体现学生发展的需要,重视基础性、增加选择性、体现时代性;要优化练习作业的结构与组合,注意加强整合、加强选择、强调均衡;作业的设计要做到有计划、有针对性,要使学生练得精、练得巧、练得准,要通过"变式"练习,沟通知识间的内在联系,发展学生的思维能力,达到以点带面、举一反三、触类旁通的目的。

实施有效的作业操作系统。一要有差异地布置作业,让学生都有适合自己的作业。作业应该尊重学生在基础与发展上的客观差异,为不同学生提供不同水平的作业,支持学生在不同的层面上巩固知识。二要注重对作业的批改过程,要深入分析学生作业的过程表现,注意捕捉学生作业思维的痕迹,了解学生解答作业中思维的水平与质量,了解其中的问题,以便在教学中加以改进。三要注重对作业的科学讲评,要照顾学生的期待,既要有客观的评价,更要对作业存在问题或不足有深入的分析与指导。注意分层要求、分类指导,做到讲解清晰、切合逻辑,并做到分析学生也反思教师自己。

(五)立足绿色指标,探索质量分析系统

根据绿色指标,树立健康、全面、讲究效能、可持续的质量观,重视育智、育心、育体、育趣、育情,让质量体现在学生内心深处,体现在人格的成长、精神的充盈和品质的提升上。

基于绿色指标,实施学生综合素养多元多次评价,以模块为单位,分层检测。对检测结果不满意的学生,可以申请重新检测。每学期,学生可以申请1～2项自我发展项目进行评价,同样纳入学业质量的

评价,使教学活动由课内延伸到课外,学生由被动变成主动,学习动力得到内化,让学生更多地感受学习的快乐。

运用考试分析系统。在初中年级尝试运用考试分析系统,从标准分、差异系数、三科合格率,递增率等几个关键指标入手,通过柱状图、条形图、曲线图帮助教师纵向、横向多维度地分析各类考试信息,为质量目标责任制的实施创设了前提条件。

二、课程统整:亮色课程的深度实施

实现校本课程与学科教学的统整是提升学校课程品质的重要举措。一是以外语、语文、艺术学科为主体,凸显外语,积极构建主题化、情景式、活动为主的教学模式。二是以其他学科为辅助,班队活动相结合,充分挖掘学科教学资源,提高学生审美情趣、人文素养和创新实践能力。三是以多种活动为支撑,在中西文化中寻找结合点,在传统与现代的交融中找生长点,体现多元共生,价值尊重。每学年举行一次"莎翁戏剧节"系列活动,让"莎翁戏剧课程群"从特色走向精品。

(一) 课程统整的基本原则

开放性原则:课程设置强调学生学习与生活、科学及社会发展的联系,加强拓展知识领域的开放性、知识形成过程的开放性、知识来源的开放性。

多样性原则:课程内容设置做到多样性,内容涉及各个学科的各个方面,为每个学生提供足够的自主选择空间,满足学生不同年龄、不同发展水平和不同个性发展的需要。

综合性原则:课程的设置加强各个学科知识之间的整合,各板块之间既互相独立又有内在联系,重视科学性和人文性的整合,注重方法、态度、精神的综合培养。

实践性原则:课程的设置注重学生的动手操作,亲自尝试和探究过程,以学生的直观体验和自主活动为重点,让学生在实践活动中感悟和体验。

层次性原则：课程设置注意学科板块的层次性和培养目标的渐进性，对不同年级学生制定不同的培养目标，在各年级的不同板块中，课程设置既独立又具有内在的延续性，有利于学生学习活动的持续发展。

（二）把握过程管理的要求

申报：根据学生的需求、教师的特长进行自主拓展课程科目的申报，由学科教师先确定开发的内容类别，填写校本课程科目方案，报课程领导小组审批。

审批：学校成立校本课程开发领导小组，教师申报后由课程领导小组审核批准后列入拓展型课程，经审核批准之后，方可按照计划进行课程实施。

报名：各个科目进行宣传，组织学生对"菜单"进行自助性"点菜"。

实践：定期组织教师进行"滚动式"的课程实施研究，在"设计—实践—调整—再设计"的循环中不断完善科目设计方案。定期组织教学研讨活动。

评价：采用过程性和终极性评价相结合；教学成果采用学生动态和静态展示相结合。

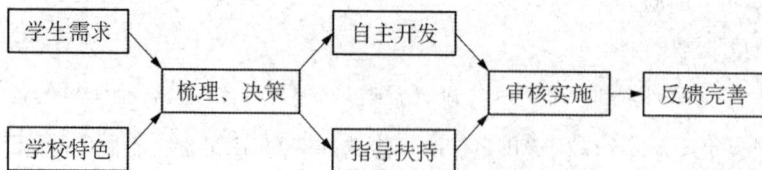

图 5-4　校本课程管理流程表

三、项目引领：炫色课程的主题化实施

学校的探究型课程主要分两类：第一类是国家设置，学生限定选择的探究型课程，主要使用上海市二期课改的探究型课程学习包；第

二类是学校自己开发、学生自主选择的主题性探究活动课程,即节日探究和访学活动。

自主探究之一是节日探究。充分利用中西方节日以及学校的节庆活动,开展实践探究,了解节日起源、节日风俗,体会每一个节日中蕴含的民族精神和传统文化。

表5-6 上外嘉定外国语学校"节日课程"一览表

年级	东方节日	西方节日
一年级	儿童节	圣诞节
二年级	劳动节	复活节
三年级	国庆节	万圣节
四年级	清明节	感恩节
五年级	端午节	情人节
六年级	春节	复活节
七年级	元宵	愚人节
八年级	中秋节	圣帕特里克节
九年级	东方母亲节	西方母亲节

自主探究之二是访学活动,语文、英语学科根据教学内容,设计探究项目,精心安排探究地点,策划探究课程,充分引导学生的活动前初步探究、活动中主动探究、活动后深入探究,培养学生的组织能力、合作能力、交流能力和国际理解力。语文学科结合名家名作,进行"文化探访"活动,寻找名人足迹,感悟名家思想,领悟名作内涵,提升人文素养。英语学科开展"寻根系列",上外体验,境外游学,在真实自然的生活情景中学英语,用英语。"爱心爸妈"和探究结合,丰富探究活动的形式和内容。

表5-7 上外嘉定外国语学校"访学课程"一览表

年级	名人足迹	境外游学
六年级	追随文学巨匠鲁迅——绍兴	澳大利亚海外课堂
七年级	桨声灯影中的文字——南京	英国海外课堂
八年级	齐鲁青未了——山东	美国海外课堂

四、实践体验：暖色课程的立体化实施

学校德育重在养成，要从教育的每一个细节入手，形成完整的德性养成体系，实现德育目标。在德性养成体系建设中要始终强调德育与学生的现实生活相结合，与感情体验相结合，与人文和文化相结合。在文化浸润中落实德育，涵养学生的道德。

（一）构建立体化德育网络

建立"学校、家庭、社会"三方联动，"班级、年级、学校"三级覆盖，"教工、学生、志愿服务者"三位一体的管理组织体系，将德育渗透学校教育方方面面。

（二）畅通多样化德育途径

实施"三全三中心"的德育途径。"三全"：全员，学校中的每一位教工"人人都是德育工作者"，人人都肩负育德的责任和义务；全程，德育贯穿于整个教育过程之中，覆盖学习、活动、生活的各个环节；全方位：学校、家庭、社会形成合力。"三中心"：以学生为中心，让学生亲自动手设计、筹划和准备活动；以体验为中心，让学生走出课堂、体验生活、体验社会、体验人生，从中获得道德感悟；以实践为中心，在实践中养成规范，在实践中提升认识，在实践中提升文明素养。

（三）开展多样化德育活动

开展"五个坚持"。一是坚持用"小主题"体现"大理念"；二是坚持用"小行为"折射"大道德"；三是坚持用"小课堂"剖析"大社会"；四是坚持用"小典型"进行"大弘扬"；五是坚持用"小实践"传递"大情怀"。让德育浸润孩子成长的整个过程，时时处处置身于文化的熏陶，孕育良好习惯，培养做人美德，升华道德情感，感悟生命内涵。

（四）完善立体德育平台

进一步探究家庭教育现代化的观念、内容、方法和手段。在校园网上开设"家教百花园"，让"案例"——家校共品悟，"问题"——家校同会诊，"困惑"——家校齐支招，"甜蜜"——家校共分享。充分发挥三级家委会作用，引导家长积极参与学校管理，有效行使对学校教育教学工作的知情权、评议权、参与权和监督权。

（五）营造多元化的德育环境

创设多元文化环境，拓展国际化课程内容、组织学生境外游学，以此培养具有民族情怀、国际视野的"世界公民"的素养与责任感，以及对世界多元文化的理解和跨文化交流的能力。借助《小学生校园英语日常用语》加强行规训练，提高学生掌握运用英语的能力。

五、开放立体：增色课程的特色化实施

外语特色课程是学校的增色课程。我们主要在以下几个方面进一步推进"1＋X"立体外语特色课程建设。

（一）"一主多辅"的教材使用

学校探索课程统整，优化教学内容，合理选用教材，以区统编教材为主，补充原版朗文教材、绘本、报刊等，以大量、优秀的语料，拓宽英语学习范畴视野。英语基础型课程立足教材，超越教材，引入更丰富的资源，激发学生更生动的思维；英语拓展型课程自编教材，有针对性地开展听说训练和语段阅读。

（二）"一阵多型"的课堂教学

一是基础外语课程致力于培养兴趣、指向实用、注重实效；校本外语课程着眼于自主创新、凸显特色、丰富有趣，如开设英语戏剧表演课、视听配音课、口语交际课、报刊阅读课等。二是英语课上分组、英

语兴趣课中分班,学生根据自己实际情况,选择合适自己学习的小组或小班。三是通过开展各类英语活动,营造"学英语、用英语"的氛围;建设校园英语环境,营造外语氛围,拓展教学时空,让英语会话成为学生的一种交流习惯。

(三)"一标多能"的素养评价

学校立足英语学科课程标准,对学生进行多方面能力的考察。在常规的笔试之外,关注学生的语音语调、词汇量、句型、阅读量、口语运用程度等,为学生英语素养的综合提高起到了很大的促进作用。

(四)"一体多研"的师资培养

以英语教研组为研修主体,用多形式、多媒介的思想引领提高教师国际化认识,拓宽教师全球视野和国际教育视野。充分利用市区(海外)培训、联合教研、专家讲坛、外教资源、网络研讨、青蓝结对等多种方式开展校本研修,打造既有优秀专业素养又兼具国际教育视野的高素质外语教师队伍。

后记

当《活跃的课程图景》定稿时，我们就像乘坐一艘远洋轮到达彼岸一样，长长地松了一口气。

两年前，上海市教育科学研究院与嘉定教育局签署"品质教育研究与实践"合作项目，我们围绕"品质课程"这一核心研究项目进行了多维度的行动研究。许多教师，许多领导与专家带领我们的研究团队奋战无数个昼夜，正是你们的辛勤付出，才有今天的研究成果。特别感谢上海市教育科学研究院杨四耕老师与嘉定教师进修学院的李春华副院长、科研室主任杨文斌老师的悉心指导与专业支持，更感谢嘉定区"品质课程"项目试点学校的不懈努力与探索，使我们的研究有了坚实的实践根基，感恩所有帮助过我们的人！

众所周知，现代教育要关注孩子的未来，我们要关注每一个学生的健康发展；现代教育要关注孩子的当下，我们要关注每一个学生当下的幸福与快乐。课程要立足于每一个学生的生命成长与自我完善，促进学生健康快乐成长。

这是教育的目标与追求，让我们一起努力！

教育，是培养人的精神长相，是培养人拥有幸福的能力，是思想与思想的碰撞，是生命与生命的对话。变革，需要滴水穿石的执着，一字一句的熏陶，一言一行的打磨，来不得半点虚假，润泽生命需要时间，教育的过程是渐染的，课程更是如此！

杨金芳

2017 年 7 月 18 日

图书在版编目(CIP)数据

活跃的课程图景/杨金芳,李春华主编. —上海:华东师范大学出版社,2017

(品质课程丛书)

ISBN 978 - 7 - 5675 - 6941 - 6

Ⅰ.①活…　Ⅱ.①杨…②李…　Ⅲ.①小学-课程改革-案例-汇编　Ⅳ.①G622.3

中国版本图书馆 CIP 数据核字(2017)第 229467 号

品质课程丛书

活跃的课程图景

丛书主编　路光远　杨四耕
主　编　杨金芳　李春华
责任编辑　刘　佳
特约审读　马澜兮
责任校对　陈臻辉
装帧设计　卢晓红

出版发行　华东师范大学出版社
社　　址　上海市中山北路 3663 号　邮编 200062
网　　址　www.ecnupress.com.cn
电　　话　021 - 60821666　行政传真 021 - 62572105
客服电话　021 - 62865537　门市(邮购)电话 021 - 62869887
地　　址　上海市中山北路 3663 号华东师范大学校内先锋路口
网　　店　http://hdsdcbs.tmall.com

印 刷 者　苏州工业园区美柯乐制版印务有限责任公司
开　　本　787×1092　16 开
印　　张　13.5
字　　数　182 千字
版　　次　2017 年 11 月第 1 版
印　　次　2020 年 8 月第 3 次
书　　号　ISBN 978 - 7 - 5675 - 6941 - 6/G·10635
定　　价　42.00 元

出 版 人　王　焰